AF418803

Pausa y Sentido

Guía práctica para vivir con propósito
y alcanzar la plenitud

Emily Atallah

Pausa y Sentido
Guía práctica para vivir con propósito y alcanzar la plenitud
Emily Atallah
emilyatallah.com
emilyatallah@gmail.com

Sígueme en Instagram: @emilyatallahcoach
Podcast Spotify: Pausa y Sentido

Primera edición 2022.

Copyright© 2022 Emily Atallah
Diseño de carátula: Ginger Magenta
Foto contraportada: José Ignacio Carrera

ISBN 978-958-49-7392-4

«Escribir un libro no es gran cosa,
saber vivir es mucho más,
y aún más escribir un libro que enseñe a vivir.
Pero lo máximo es llevar una vida
sobre la cual se pueda escribir un libro»
El hombre doliente, de Viktor E. Frankl

A mis padres, gran espejo en el que me miro.

A Michelle, Stephanie y Juan Camilo,
en quienes encuentro el sentido cuando me siento perdida.

CONTENIDO

Prólogo   11

Introducción   13

Buscando el sentido de la vida   19

Parte 1: Herramientas para encontrar sentido en lo que
experimentamos   37

    Capítulo 1. Tener vínculos significativos   41

    Capítulo 2. Vivir el amor plenamente   61

    Capítulo 3. Ver la belleza en la gratitud   78

Parte 2: Herramientas para encontrar sentido en lo que
entregamos al mundo   97

    Capítulo 4. Ponerle pasión a la vida   102

    Capítulo 5. Viajar ligero   117

    Capítulo 6. Abrazar una causa y trascender   139

    Capítulo 7. Vivir una vida auténtica   152

Parte 3: Herramientas de sentido en la transformación del
sufrimiento, el dolor y la muerte   167

    Capítulo 8. Mirar al sufrimiento de otra manera   171

    Capítulo 9. Tener una actitud cotidiana de perdón   189

Capítulo 10. Acercarse a la muerte sin temor   205

Epílogo Vislumbrar siempre nuevas posibilidades y hacer que valga la pena vivir   217

Gratitud total…   225

Bibliografía y otras recomendaciones   231

PRÓLOGO

La vida es ese espacio de tiempo entre el nacimiento y la muerte y, al hacernos conscientes de nuestra temporalidad, reconocemos nuestra existencia como una posibilidad de posibilidades. Al descubrir el universo de posibilidades nos decidimos por una de todas ellas, decidiendo también a qué renunciamos. Esta realización permite que pase, siendo a la vez un pasado decidido.

Debido a decisiones personales, tuve el privilegio de conocer a Emily en diferentes momentos de nuestra vida. Sobre todo, en muchas de sus diferentes facetas, marcadas por un proceso constante de transformación que la ha llevado a experimentar su vida como una misión, iluminada por un propósito.

Su libro *Pausa y Sentido* se convierte en la materialización de su misión, en forma de un manual que va acompañando a su lector, en un proceso que le invita a reconocerse como un protagonista de su biografía, por medio del autodescubrimiento. Esa nueva forma de conocerse ilumina sus diferentes formas de relacionarse con el mundo, exaltando lo valioso de cada existencia. También le ayuda a revelar cómo puede contribuir, aunque sea un poco, con cada decisión, transformando al mundo y haciéndolo un poco más cercano para sí y para las personas con las que puede relacionarse. Finalmente, la autora nos invita a reflexionar sobre las experiencias de sufrimiento, muerte y culpa, que son situaciones que nos permiten relacionarnos desde la compasión.

Las personas que descubran este trabajo podrán adentrarse en un viaje, que irá de estación en estación, teniendo a Emily como su guía.

Así que los invito a tomar una pausa y permitirse descubrir las posibilidades de sentido.

Juan Pablo Díaz del Castillo B. Ph.D.
Tren Donostia / Bilbao y Gernika
Otoño 2022

INTRODUCCIÓN

Una vez escuché que uno escribe el libro que necesita. Lo dijo James Clear el autor de *Hábitos atómicos* cuando en un *podcast* le preguntaron sobre sus propios hábitos. Estoy convencida desde ese momento que aplicaba justamente para mí. Escribí este libro porque necesitaba hacerlo, aunque pueda sonar un poco egoísta al principio, pero era importante para expresar lo que siento, compartir lo que he aprendido y recordar lo que debo seguir trabajando en mí constantemente. Y ha sido un ejercicio importante para organizar mis ideas y dibujar el camino transitado en mi transformación personal.

Pero también lo escribí para todas aquellas personas que en algún momento de la vida sienten que han perdido el rumbo, que están estancadas y no saben cómo continuar con la vida después de un sufrimiento y desean encontrar la plenitud nuevamente.

Tantas personas cabizbajas, tristes, quejumbrosas y llenas de miedos. Personas desmotivadas que pasan por la vida, para al final quedar insatisfechas con lo vivido. Miles que toman la decisión de dejar de vivir por no encontrar un para qué que les haga levantarse cada día. Según la OMS cada año se suicidan 700.000 personas en el mundo y esto va en aumento. Sin contar con las tentativas que no llegan a ser exitosas. Cuántas más pasan la vida luchando con enfermedades mentales como la ansiedad y la depresión, también en ascenso en todas partes. Aunque empezamos a hablar más sobre este tema y especialmente a partir de la pandemia, aún estamos en la etapa en que se tratan como enfermedades únicamente, es decir, como ausencia de salud, pero falta mucha prevención y humanidad, ante todo.

Mi trabajo como coach de vida es ayudar a evitar que lleguemos a estos extremos y logremos vivir más conectados con la vida, gozando y disfrutando de ella a pesar de su imperfección y la nuestra. Volver al interior, abrazar nuestras diferentes facetas, los momentos difíciles, las lágrimas y las risas. Ser cobijados por un sistema de valores propios que nos ayude a movernos por convicción personal en dirección de una vida plena y significativa.

Este libro es ante todo un llamado a la vida, a darnos la oportunidad de cuestionarnos todo para ver en realidad con qué estamos de acuerdo y con qué no.

Es una invitación a desconectar para reconectar con lo importante y vivir en nuestros propios términos.

He encontrado 10 herramientas base para vivir la cotidianidad plenamente. Han sido inspiradas por los postulados logoterapéuticos propuestos por Viktor Frankl, neurólogo y psiquiatra vienés, escritor de *El hombre en busca de sentido* entre otros numerosos libros y otras corrientes diversas que he ido conociendo a través del tiempo. Las he vivido personalmente y muchos de mis clientes también han logrado encontrar el camino de sentido gracias a su aplicación. Son herramientas que nos llevan a mirarnos a nosotros mismos y saber realmente quienes somos. A partir de ahí poder ver hacia delante y construir quienes queremos ser.

En la primera parte entrego tres recursos que nos conectan con los regalos de la vida. El primero de ellos, es la forma como nos vinculamos con las personas y también con nosotros mismos y nuestro entorno. Para que estas relaciones sean significativas es importante realizar un trabajo de autoconocimiento profundo, de reconocimiento de nuestras emociones y de discernimiento entre cantidad y calidad. También encontramos un gran regalo en la experiencia del amor pensado como la unión de dos almas completas y valiosas que buscan la plenitud y la armonía desde el respeto por la diferencia. Para eso es clave liberarnos de creencias aprendidas, expectativas sobre la pareja y trabajar primero que todo en nuestro amor propio para mostrarnos como somos y saber lo que queremos. Desde ahí, relacionarnos conscientemente. Y, en tercer lugar, creo que la protagonista para captar todo lo que la vida nos regala es la gratitud como actitud que nos ayuda a percibir lo que sí tenemos y lo que recibimos cada día, empezando por el despertar cada mañana. Ser agradecidos nos ayuda a afinar los sentidos, conectar con nuestra intuición y con la vida para disfrutar y gozar de lo sencillo. Para pensar menos y vivir más.

En la segunda parte están agrupadas algunas de las herramientas que nos conectan con lo que cada uno de nosotros entregamos al mundo desde el lugar en que nos encontremos. Estas nos inspiran a ponerle pasión a la vida y no quedarnos esperando a encontrar el trabajo de nuestros sueños, el dinero que necesitamos o la casa propia para empezar a gozar. Cualquier actividad puede ser realizada dando lo mejor de nosotros y puede ser percibida como posibilidad para satisfacer nuestras necesidades, hacer algo creativo y ayudar a otros. Así se convierte en fuente de sentido de vida. Otra estrategia poderosa es vivir sin complicaciones y hacer todo de forma intencional y consciente. Emplear nuestro tiempo y dinero de manera eficiente, hablar sin enredos, hacer un uso adecuado de la tecnología y muchos otros recursos que nos ayudarán a viajar más ligeros y sin tanto rollo.

Luego la recomendación es a salir de nosotros mismos para mirar a nuestro alrededor y hacer algo por las necesidades del mundo. Eso nos ayuda a ampliar la mirada y ubicarnos en el universo y también a tener mayor claridad en nuestra misión para no andar a la deriva y perdidos sin rumbo. Vivir como dueños de nuestra historia, de lo que pensamos y sentimos, de lo que hacemos y de los errores que cometemos. Ser auténticos, sin compararnos con los demás, sin desear ser diferentes a quienes somos, sin pretender ser perfectos.

En la tercera y última parte nos centramos en las herramientas que nos llevan a tener una actitud ante la vida que nos permita transformar las situaciones dolorosas y ver una nueva vida posible. Cómo transitar por el sufrimiento inevitable y convertirlo en fuente de ayuda para otros o de aprendizaje para nosotros mismos. También tener en cuenta el perdón, como una actitud cotidiana que nos ayuda a ver al otro como un ser humano que también sufre, que también tiene días malos y que puede cometer errores al igual que nosotros.

No es un tratado exhaustivo del tema, pero si nos ayuda a entender qué es y cuáles son sus alcances y sobre todo nos muestra la posibilidad de contar la historia de la ofensa desde la compasión y no desde el rencor y los deseos de venganza. Estoy convencida de que el perdón es un tema liberador que nos aporta mucho como humanidad, aunque también sé que es uno de los más difíciles de abordar. Por eso quiero hacerlo más cercano, más sencillo.

El último capítulo nos acerca a la muerte. Para aquellos que le tienen tanto temor e intentan huirle sin éxito, durante toda la vida, la invitación es a hacerla su amiga. El poder de la muerte se encuentra en el miedo que le tenemos, pero al hablar de ella y hacerla cercana le quitamos ese poder.

Para terminar, en el epílogo encontrarás tres disposiciones del alma o actitudes que considero básicas para poder practicar las herramientas anteriores. El silencio de mente y cuerpo, para acallar tantos juicios, pensamientos rumiantes, ruido interno y externo y volver a una escucha profunda y una conexión con nuestra intuición. La meditación, oración o reflexión para profundizar en todo aquello que sabemos y pensamos para no tragar entero. Apropiarnos de manera íntima de los conceptos y actuar por convicción personal. Y por último desapegarnos de tantos afectos, creencias y cosas que nos esclavizan y no nos permiten volar.

Es un libro para saborear lentamente y hacerlo vida. Podrá servir como guía de consulta en momentos de dificultad o para trabajar en un estilo de vida diferente, más conectado con una vida plena y significativa.

La conclusión es que necesitamos hacer una pausa de tanto en tanto, para poder redireccionar el camino y conectar con lo esencial. Dejar de ser orugas para metamorfosearnos en mariposas que vuelan en libertad. ¡Espero que lo disfrutes!

BUSCANDO EL SENTIDO DE LA VIDA

«He encontrado el sentido de mi vida
ayudando a otros a encontrar el sentido en la suya»
Lo que no está escrito en mis libros, de Viktor E. Frankl

Nunca imaginé que algún día llegaría a sufrir una crisis profunda en cada una de las áreas de mi vida. Mi matrimonio se había terminado, no tenía trabajo y no sabía ni cómo buscarlo porque llevaba años dedicada al hogar a ser madre y esposa; me encontraba sola y sentía que el mundo se me venía abajo.

Recuerdo perfectamente que estaba en la mesa del comedor en septiembre de 2008, con mi perro Jack echado a los pies, pensando sobre mi vida. Iba a cumplir 40 años y había decidido separarme después de 20 años de matrimonio y de sobrellevar una relación que estaba muy lejos de lo que había imaginado en mis años de juventud.

Tenía el ánimo por el suelo, pues había dejado a mi hija Michelle en la universidad, en Estados Unidos y estaba en casa, en Bogotá con mis otros dos hijos: Stephanie de 14 años y Juan Camilo de 9. Mi intención era que todo fuera lo más tranquilo posible para ellos y que no se perturbara nuestra calidad de vida a pesar de la ausencia del padre y la hermana mayor.

Sabía que era el momento de empezar a ver en realidad qué había sucedido, aunque no me gustaba para nada mirar al pasado y recordar los momentos tristes. Me sentía llena de rencor y preguntas difíciles de responder, atrapada por un miedo profundo a la incertidumbre de lo que se me venía encima.

Jack suspiraba y parecía que me miraba dándome fuerzas y diciendo:

—Ok, también lo siento, pero con el tiempo pasará. Vas a estar bien.

En realidad, siempre había sido el perro de los niños y para mí una carga más en las labores del hogar. Pero a partir de entonces nuestra relación fue cambiando. Jack no se me despegaba ni un minuto y en mis días tristes, suspirábamos al mismo ritmo.

Era tiempo de hacer una pausa y reflexionar sobre la forma en que había tomado mis decisiones hasta ahora. Esa certeza no llegó a mi mente así de claro, para nada. Empecé por acordarme de situaciones clave en mi pasado.

El primer recuerdo fue sobre cómo había escogido mi profesión de administradora de empresas. Había sido una decisión basada en la conveniencia de trabajar en la empresa familiar.

Algo similar sucedió con otra elección importante, la de mi compañero de vida. Era un hombre que cumplía con los requisitos indispensables: nos parecíamos mucho y coincidíamos en nuestra visión del mundo. Era culturalmente parecido a mí, católicos de familia árabe palestina, muy tradicionales. Ambos apostábamos por un futuro asegurado. Los dos queríamos tener varios hijos, al principio yo quería 6, luego le bajé a la mitad.

Los primeros 15 años trabajé en las empresas familiares, pero luego estuvimos de acuerdo en que yo me ocuparía solo de la casa y los hijos, que al ser tenistas de alto rendimiento, debían viajar a torneos constantemente. Para mí fue en parte un sacrificio porque enterraba mis sueños de juventud, cuando me imaginaba independiente y exitosa profesionalmente.

Aunque fui feliz acompañándolos y celebrando sus triunfos, en el camino perdí lo más preciado: mi identidad. En definitiva, había hecho todo lo que creía que se esperaba de mí, pero había olvidado por completo todo lo que yo realmente quería en cuanto a mi vida personal y profesional.

Las preguntas que me han perseguido a lo largo de la vida son básicas y profundas a la vez: ¿Para qué estoy viva? ¿Cuál es mi misión en la vida? ¿Hay algo más después de la muerte? Si vamos a morir, ¿qué sentido tiene vivir? ¿Qué se espera de mí y quién lo espera? ¿Cuál es mi conexión con lo que me rodea, con el Universo? Esas preguntas son las mismas que se hacía también el emperador Marco Aurelio en sus *Meditaciones* hace más de 2000 años, es decir, no son ni nuevas ni exclusivas. La mayoría de las personas nos las hacemos especialmente cuando pasamos por momentos de transición o de crisis.

En estas preguntas encontramos lo que es valioso para nosotros, qué es lo que realmente nos conecta con la vida y el para qué de lo que hacemos. Conectar con personas, cosas, hechos y momentos valiosos es lo que nos ayuda a tomar decisiones por convicción y a vivir una vida coherente y plena. Es decir, a encontrar sentido de vida.

Lo que consideramos *valores* son cualidades que marcan lo que es importante para cada uno de nosotros de manera personal. Pero dependen de la educación que hemos recibido, la cultura en la cual vivimos, la tradición familiar, la formación religiosa y mucho más. Así vivimos entre dos polos. Para que nos pertenezcan de manera única e individual hay una clave. Y consiste en que los hagamos nuestros y no que sean los valores de otros. Es decir, necesitamos vivir esos valores, encarnarlos y convertirlos en parte esencial del motor que nos mueve. De esta forma nos impulsan a hacer las cosas de determinada manera, la nuestra. Cuando un valor no es propio vemos ejemplos de personas que dicen ser honestas, pero son infieles. Personas que dicen ser generosas, pero no pagan los sueldos de ley a sus empleados y la lista es muy larga.

Los valores no son un paquete sin forma. Hay muchas categorías de valores. Los hay más elevados o espirituales que nos ayudan a abrazar lo absoluto, lo sagrado, lo trascendente. Aquí hablamos de Dios, del Universo, de la Vida, del Ser humano. También hay valores éticos o relacionados con el obrar correctamente, como el respeto, la honestidad, la generosidad. Están los valores intelectuales en búsqueda de la sabiduría y el conocimiento como el gusto por estudio o la lectura.

También hay valores menos elevados o más terrenales como los que se refieren a lo estético, que nos relacionan con la armonía, el orden y la belleza en nuestra vida. Por ejemplo, nuestra economía o el tener una casa linda, organizada y decorada con obras de arte. Contamos con valores vitales que nos generan bienestar y buena salud como el cuidado personal, la sana alimentación y el ejercicio. Y los sensibles, con todas las actividades que nos producen goce y placer; nos referimos por ejemplo al baile, una noche de sexo apasionado o una tarde de spa.

Todos son importantes y entre más valores nos muevan, mayor será nuestra capacidad de encontrar sentidos diferentes en la vida, lo cual es esencial. Para evitar que nos desestabilicemos cuando llegan los momentos de adversidad en los que nos perdemos o sentimos amenazados, es importante que la gama de nuestros valores sea amplia, que los tengamos identificados y trabajados. Cuánto más amplio sea el abanico de nuestros valores y más conscientes seamos sobre ellos, cada caída será menos profunda.

En realidad, cualquier actividad que realizamos está cargada de varios valores en sí misma. Por ejemplo, si nos gusta cocinar, hacer una receta para una noche de invitados es valioso a muchos niveles. Implicamos los valores sensibles cuando queremos que un plato tenga un buen sabor; los vitales porque será saludable y no hará daño a los comensales; los estéticos porque los presentamos de forma agradable, colorida y en una mesa bien puesta. Se activan también los valores intelectuales en la receta que aprendemos, la tradición de la que proviene. Los valores éticos aparecen cuando no usamos ingredientes que dañen al planeta o a los animales y también es una oportunidad de unir a familia y amigos. Es también espiritual y sagrado cuando reconocemos la creación, la naturaleza de los alimentos y sentimos gratitud por tenerlos.

A partir de ese momento crítico, le di un giro a mi vida que empezó con estudiar una Maestría en Ciencias de la Familia con lo que volví a preferencias de mi juventud como la lectura, la filosofía y la antropología. Fue duro volver a estudiar, pero fui feliz. Durante ese proceso me familiaricé a fondo con temas importantes como la resiliencia y el sentido de vida. Todo me llevó hacia mi certificación de Coach Existencial Logoterapéutico.

En aquel momento no llegué a darme cuenta de que se trataba de algo más que un giro profesional. En realidad, era un encuentro conmigo misma por fin, después de muchos años de abandono inconsciente.

Poco a poco, empecé a escucharme nuevamente, a sentir mis emociones dormidas durante años, a conocerme y contactar con quien soy, a saber qué quería para mí y para mis hijos de manera clara. Así pude elegir mejor a mis compañeros de camino, a quiénes quería que siguieran a mi alrededor y quiénes no. Descubrí lo que creía realmente, lo que pensaba y cómo quería ser vista. Empecé un camino de vida auténtico, dejando de hacer lo que otros esperaban para empezar a ser lo que yo quería. Descubrí lo que era importante para mí.

Para poder percibir lo importante, tenemos que echar mano de las emociones, no hay otra manera. Ellas nos muestran lo que es valioso para nosotros antes de ser «evaluado» por nuestra razón. Se dice fácil, pero también es algo muy difícil, porque nos volvemos vulnerables. Nos dejamos ver al desnudo. ¿Y quién quiere andar por la vida desnudo? No nos acaba de gustar ver nuestras debilidades en un mundo competitivo. Pero es un camino que ya hemos transitado y que no nos ha dado buenos resultados. Todo empezó cuando decidimos no sufrir las consecuencias de nuestra vulnerabilidad y desarrollamos un escudo. Esa protección nos aísla y dejamos de sentir para mostrar únicamente nuestras fortalezas.

El mundo emocional es lo que realmente nos conecta con la vida. Nos une con lo que es importante, lo que rechazamos y nos disgusta. Así es como tomamos nuestras decisiones. Hoy en día somos analfabetos emocionales, no se nos enseña ni se nos da permiso de sentir desde pequeños.

En efecto, no somos conscientes de lo que sentimos, cómo lo sentimos, qué sensación nos produce físicamente y qué relación tiene con lo que es bueno o malo para nosotros. De esta forma nos alejamos de conectar con lo que es valioso e importante. Por eso muchas veces nos agarramos a lo que defienden las mayorías y nos dejamos influenciar por lo que se usa o está de moda sin detenernos a pensar si estamos de acuerdo o no.

El sentido de vida tiene muchas definiciones. Yo me apoyo en la de mi maestro Efrén Martínez PhD, en su libro *Hazte dueño de ti*, que me parece clarísima: «El sentido de vida consiste en conectar el corazón y la razón a personas, acciones, circunstancias y cosas valiosas, sintiéndote invitado a actuar de un modo u otro en las situaciones cotidianas o en la vida en general, experimentando coherencia y convirtiéndote en aquello que haces».

Necesitamos conectar con nuestro corazón mediante las emociones y con la razón mediante el pensamiento para saber si algo es valioso y contribuye a construir nuestra vida. Esa conexión con la vida nos da un norte hacia dónde dirigirnos mientras nos permite ser coherentes con lo que hacemos y nos ayuda a tomar decisiones libres por convicción. Paso a paso nos movemos con compromiso y responsabilidad personal.

No es lo mismo vivir con o sin sentido. Para mí se ha convertido en una especie de cruzada personal el ayudar a las personas a ver lo bonito de la vida y gozársela, al fin y al cabo, vivimos en esta existencia terrena apenas un rato. Desde que empecé a tomar decisiones para apropiarme de mi vida, me di cuenta de lo triste que es pasarse los días en rutinas sin sentido, envueltos en la velocidad del hacer y el tener porque nos olvidamos de experimentar y disfrutar lo que tenemos a nuestro alrededor. Nos llenamos de expectativas demasiado altas por lo que dicen o hacen los demás. La vida es personal y nadie la vive por nosotros. Nuestra vida implica vivirla a nuestra medida única e intransferible.

Viktor Frankl creador de la Logoterapia o psicoterapia centrada en el sentido de vida y la postura principal en la que baso este libro, fue un médico psiquiatra y filósofo austriaco. Nació en Viena en 1905 y falleció en la misma ciudad en 1997. Estuvo internado en varios campos de concentración y fue durante esa desgarradora experiencia que maduraría su teoría psicológica centrada en la persona que no se conforma con lo que le sucede o lo que le toca experimentar o sufrir, sino que decide vivir una vida plena de sentido a pesar de todo.

No somos víctimas de los traumas que nos pasan, de la herencia que recibimos ni de causas externas, sino que somos un conjunto de todo eso y lo que elegimos hacer con ello. La Logoterapia, es un método dirigido a despertar la consciencia de manera libre y responsable a los valores y el sentido mirando siempre hacia el futuro, como seres en constante cambio que responden a la vida con la mejor versión de sí mismos.

El nombre de logoterapia viene de la palabra griega *Logos* que significa «sentido», «significado» o «propósito» como explica el Dr. Frankl en su libro *El hombre en busca de sentido*, un libro que yo recomiendo a todas las personas leer en algún momento de su vida.

La importancia de vivir con sentido se evidencia en los diferentes estudios que empezaron a surgir hacia 1964 especialmente en Europa y más recientemente en América latina.

En los entornos laborales, cuanto más sentido de vida nos aporte el trabajo, hay menor cambio de personal y mayor satisfacción en la vida en general. También se anota su influencia en el ámbito de la salud, con una mejor recuperación posoperatoria y mejores pronósticos de vida ante diagnósticos de enfermedades terminales. En cuanto a la salud mental es crucial para aminorar el consumo de sustancias psicoactivas, o para reducir las ideas suicidas.

En general, una vida con sentido nos hace menos propensos a sufrir de enfermedades, mejora nuestro sistema inmune, reduce el riesgo de caer en las garras de la depresión y la ansiedad, y nos ayuda a experimentar mayor bienestar, mejores vínculos, más felicidad.

Al vivir con sentido la actitud frente a las dificultades se transforma; es más proactiva, aumentan las conexiones significativas con otras personas, nuestras acciones se vuelven más intencionales y valiosas y nuestras causas, más importantes. Somos menos solitarios y tendemos menos al aislamiento y la indiferencia. Vemos la vida de una manera más luminosa y positiva en muchos frentes, aunque no todos se ajusten necesariamente a lo que deseamos.

Por el contrario, una vida sin sentido nos lleva al aburrimiento, el estrés, la ansiedad, la depresión, la soledad y el vacío existencial. Todas son enfermedades existenciales muy comunes a las que se suman dolencias crónicas y terminales como expresiones del cuerpo.

Definitivamente responden a un vivir de acuerdo con unos estándares impuestos; a tener que cumplir con los deberes esperados, a tomar decisiones sin tener en cuenta el camino propio y la intuición. Se nos convierte la vida en un constante agite y un montón de rutinas, donde son otros los que han puesto los parámetros, y nosotros, creyendo que así somos exitosos, nos hemos dejado llevar. Todo a costa de nuestra felicidad.

Al final de nuestra vida, la suma de haber vivido con sentido en la mayoría de las áreas probablemente nos llevará a decir que valió la pena todo por lo que pasamos y lo que aprendimos; que no dejamos cosas pendientes y que nuestra vida tuvo, precisamente, sentido. Así será más fácil partir cuando llegue el momento.

Recuerdo el caso de B., que en su época era una secretaria más que eficiente. Poco a poco se convirtió en la mano derecha de su jefe y amante, con el cual se casó y tuvo a sus tres hijos.

Ella valoraba mucho el estatus social y el éxito económico. Definitivamente había logrado salir de la pobreza y evidentemente era capaz de generar dinero sin problema.

Sin embargo, con su esposo vivió una pésima vida de abandono, infidelidad y malos tratos. Él se volvió alcohólico y abandonó también la empresa en manos de B. Ella la impulsó a niveles impensables. Aunque laboral y económicamente alcanzó todo lo que se proponía, su vida era solitaria y, sobre todo, muy triste.

Perdió contacto con todos aquellos que habían sido su soporte natural, su familia y amigos y quedó inmersa en una sociedad que ni la valoraba ni la apoyaba y,   de hecho, la rechazaba.

Le tocó trabajar mucho en ella misma para lograr entender que sus orígenes sencillos le aportaban un valor más profundo a su vida y que no era sólo el estatus económico el que hacía que su vida fuera significativa. Sus vínculos familiares y de amigos eran verdadero apoyo y la hacían sentir acogida y amada.

Necesitó de una pausa en su ajetreada vida para realizar un proceso de coaching logoterapéutico y contactar nuevamente esos vínculos significativos y darle al dinero y a las apariencias sociales su verdadero lugar, como medios y no como fines en sí mismos. Empezó a tomar decisiones importantes para ella y su bienestar, terminando la relación con su esposo que no la valoraba más que para hacerse cargo de la empresa; reparó las relaciones con su familia y algunos amigos a quienes había menospreciado; continuó haciendo un trabajo bien hecho, que le apasionaba, pero se puso por encima de los resultados, que continuaron siendo excelentes.

La Logoterapia es una psicoterapia centrada en los valores y la proyección de posibilidades hacia el futuro. Lo que creemos que es importante nos moviliza hacia nuestras metas, pero desde la intención y la convicción personal.

Es así como encontramos el sentido de vida a través de tres caminos diferentes: primero, lo que Frankl llamaba los *valores de experiencia*, es decir, todos los regalos que nos da la vida a través de lo que experimentamos en el vínculo significativo de la amistad, en el amor, en la contemplación y el asombro por las maravillas de la naturaleza y también en lo que nos genera la belleza en el arte o la música.

En segundo lugar, los *valores de creación*. Así los denominó Viktor Frankl para identificar aquello que entregamos al mundo. Nos es ni más ni menos que la forma en que compartimos nuestros talentos y servimos a nuestra comunidad. Es lo que nos hace únicos al realizar nuestro trabajo, al entregar lo mejor de nosotros a otros.

El tercer camino de hallazgos vitales se da cuando nos encontramos en las situaciones límites de la vida, que nos hacen sufrir. Nos pasan a todos los seres humanos. Todos en algún momento tenemos que confrontamos con la muerte propia o de seres queridos; muchos pasamos por pérdidas importantes de amistades, de trabajo y de calidad de vida. Cuando no realizamos lo que estábamos llamados a hacer y nos sentimos culpables de haber elegido en contra de nuestras convicciones o de haber causado daño a alguien. Frankl los llamaba los *valores de actitud* pues se refería a la forma en la que decidimos vivir con lo que nos pasa. Puede ser un camino de aprendizaje y de darle sentido a la tragedia o una forma de sufrimiento permanente y sinsentido.

M., era asesora de un banco, próxima a cumplir sus 40, cuando uno de sus mejores clientes muchísimo mayor que ella se convirtió en el amor de su vida; era la persona que le alegraba casi todas las mañanas cuando le decía cosas bonitas y alababa su trabajo, algo que nadie más hacía. En él encontró lo que tanto le había faltado: aprecio, atención, sonrisas. Se casaron y desde la luna de miel ella se dio cuenta de cómo sería el resto. Su esposo enfermó, estuvo al borde de la muerte y cuando las cuentas del hospital llegaron, se dio cuenta de que los hijos de él habían congelado todos los bienes que además estaban a nombre de ellos en un testamento previo al matrimonio con ella; como no gustaban de esa relación con una persona que podía ser su hija, se desentendieron de los cuidados permanentes que iba a necesitar su padre y los dejaron solos.

Se cuestionó mucho por la decisión que había tomado de casarse con él y se dio cuenta que no lo conocía en realidad y se había enamorado de palabras bonitas y apariencias. Sus expectativas estaban puestas en una vida cómoda, sin tener que trabajar y se imaginaba viajando por todos los lugares donde él había estado. Se quedó rápidamente sin piso, hundida en la pena, con un señor ya mayor a quien cuidar y además un sorpresivo embarazo. La vida se puso difícil y con la enfermedad de su esposo se le iba el tiempo sin tomar decisiones importantes.

Necesitaba hacerse cargo de su vida, no estar esperando que otro se la resolviera. Eso implicaba un cambio de actitud para aceptar su situación y encontrar maneras para salir de ella. Acompañada en un proceso de coaching logoterapéutico, lo primero que hizo fue volver a su trabajo, pero también reconocer los errores que había cometido al dar por sentada su relación y despreciar tanto a su familia como la de él. Se reconcilió y reparó donde fue necesario y recibió el apoyo para salir adelante. Se responsabilizó por sus decisiones y cuidó con dedicación al marido —a quien se dio cuenta de que sí amaba— y a su bebé. Poco a poco todo fue mejorando en formas diferentes a las que ella imaginaba, con unión familiar, prosperidad y tranquilidad.

El camino del sentido no es cómodo, nos confronta, pero aporta mucho más, es satisfactorio y nos da respuestas a las preguntas sobre cómo vivimos y para qué vivimos. No basta con vivir por inercia, sino que es importante ir percibiendo lo valioso en la medida en que nos hacemos conscientes de nuestra propia vida en los momentos sencillos del día a día. Podemos tomar decisiones importantes movidos por esa voluntad de vivir una vida plena y feliz.

La suma de los diferentes momentos de la vida en los que encontramos ese sentido hace que nuestra vida valga la pena ser vivida.

 **PARA RECORDAR**

- Podemos vivir una vida plena y significativa. Lo logramos cuando ponemos toda nuestra intención en conectarnos de forma consciente con personas, circunstancias, objetos y acciones valiosas.

- Podemos regular nuestras emociones para responder adecuadamente y no por impulso o arrebato. Las emociones son nuestra puerta de entrada a lo valioso e importante para cada uno de nosotros. Contactamos con esa parte de nuestro ser cuando sabemos nombrarlas, las sentimos en el cuerpo y nos damos cuenta de cómo afectan nuestro estado de ánimo.

- Podemos apoyarnos en nuestros valores en los momentos de dificultad. Cuando encontramos lo que es valioso en diferentes áreas de nuestra vida, crecemos y nos expandimos. Cuando nuestros valores son variados y amplios, nos ayudamos a vivir una vida plena, aunque hayamos perdido algo importante.

Momento de reflexión

Estos momentos de reflexión que haremos al final de cada capítulo te servirán para hacer una pausa y pensar en tu vida, en quién eres, para dónde vas y en qué punto de ese camino te encuentras.

- Vamos a hacer memoria y conectarnos. ¿Qué eventos pasados consideras que han dejado una huella en ti? Pueden ser eventos negativos o positivos que hayan significado un antes y un después en tu vida.

- Conecta un momento con alguno de esos eventos que recordaste. Cierra tus ojos, trata de traer a tu mente los detalles. ¿Qué sientes: alegría, miedo, tristeza, rabia, ¿otro? ¿Cómo se manifiesta esta emoción físicamente: calor, frío, dolor o molestia? ¿Dónde? Esto te sirve para conocer tus emociones y el significado del evento con la huella importante que te ha dejado.

- Piensa en lo importante y valioso para ti en este momento presente de tu vida. ¿Qué guía tus decisiones y acciones? En lo físico, material, emocional, intelectual, espiritual.

PARTE 1:
HERRAMIENTAS PARA ENCONTRAR SENTIDO EN LO QUE EXPERIMENTAMOS

De pequeña sentía verdadero miedo si tenía que expresarme, explicando o pidiendo algo. No ayudaba que fuera muy tímida. Mi impotencia se traducía en llorar, lo cual no ayudaba la situación, todo lo contrario, convertía todo en desastre. No había nada que me gustara menos que llorar, sabía que las lágrimas me restaban credibilidad. La timidez y el miedo siguieron habitándome. Y ya de adulta no quería mostrarme débil porque me restaban algo más importante para mí entonces que la credibilidad, me quitaban la posibilidad de demostrar que era profesional, seria y capaz. Me di cuenta de que tenía una debilidad a flor de piel, era un verdadero problema. Así que aprendí a desconectarme de todo lo que me hiciera sentir. Di con una solución que funcionaba tan perfectamente como yo. Si yo no sentía, siempre podía cumplir con lo que esperaba de mí, no defraudar a nadie, nadie me rechazaba ya. Complacía a todos. Todos estábamos satisfechos y contentos. Pero me convertí en autómata, perdí interés por las cosas y empecé a medir todo y a todos con una vara muy alta. Me alejé de mi verdadera humanidad.

Mi ejercicio de autoconocimiento, el mismo que señalo en el capítulo anterior, me abrió los ojos y me permitió darme cuenta de que hacía las cosas de forma rutinaria. Era siempre eficiente, pero sin corazón. De tanto evadirme, me había desconectado. No sabía para qué hacía cada cosa. Perdí el significado de mis acciones. Es como si hubiera dejado de existir. También percibí que me había convertido en perfeccionista, pesimista y me quejaba constantemente. Encontré un buen culpable. Le atribuía mi estado de ánimo al clima y odiaba la lluvia: vivo en Bogotá, donde llueve gran parte del año y hace frío.

Estaba siempre ausente. Como he mencionado, no existía. La palabra «existir» viene del latín *existere* y tiene dos partes. En su origen ya nos guía sobre su significado profundo y, de paso, el nuestro. Está el prefijo «ex», que significa «hacia afuera». Y luego, el verbo *sistere*, que significa «tomar posición», «tomar partido». Como podemos deducir, el verbo «existir» nos señala que vivimos, estamos y nos hallamos en relación con nosotros mismos y con los demás a la vez. Y no solo esto, interactuamos con las circunstancias y nuestro entorno. Es justo entonces cuando encontramos valores en lo que experimentamos, en lo que la vida nos regala. Existimos porque experimentamos la vida.

Podemos reconocer estos valores de experiencia fácilmente. Basta con despertar la consciencia para darnos cuenta de lo que es valioso y que tantas veces damos por sentado. Es suficiente con conectarnos con aquello que nos emociona en las maravillas de la naturaleza. Apenas necesitamos un minuto consciente para darnos cuenta del valor de una relación significativa con amigos, familiares o con nuestra mascota. Podemos alcanzar a apreciar la experiencia hermosa del amor propio o la plenitud en el amor romántico. No hace falta más que ver y reconocer los recuerdos tristes y alegres que el arte nos evoca.

Como venía diciendo, esos son los valores de experiencia. Les dedicaré un espacio propio como se merecen y en los próximos tres capítulos mencionaré herramientas que nos ayudan a contactar con lo valioso que nos regala la vida.

Te confieso que a mí me encanta ver la vegetación aún mojada cuando deja de llover y sale nuevamente el sol. Me deleito cuando siento el viento y me gusta mucho cómo mece los árboles que se asoman en mi ventana que se agarran con fuerza al suelo. Disfruto el final de la tarde y tener tiempo para saborear un buen libro al lado de la chimenea o una copa de vino. Pero hubo un tiempo en el que no tenía ni idea de que podía sentir todo eso. Ha sido un ejercicio de consciencia e intención después de una vida entera de estar dormida.

Me doy la posibilidad de ver el valor de cada encuentro y de cada experiencia porque quiero estar conectada con la vida. Me ha ayudado empezar por dar gracias cada día por lo más simple hasta llegar a sentirme agradecida por la vida. Así he logrado despertar los sentidos nuevamente y llorar cuando es preciso, reír a carcajadas y amarme por encima de todo para poder amar al mundo.

Me gustaría sugerirte algo que suele darle muy buenos resultados a las personas con quienes trabajo en *coaching* en mi consulta. Construye y nutre un diario de gratitud. Anota al menos una cosa por la cual te sientes agradecido. Al final del año sumarán trecientos sesenta y cinco cosas importantes por las que vale la pena disfrutar de la vida.

CAPÍTULO 1. TENER VÍNCULOS SIGNIFICATIVOS

«Si eres un poeta, verás claramente una nube flotando en esta hoja de papel. Sin una nube, no habrá lluvia; sin lluvia, los árboles no pueden crecer; y sin árboles, no podemos hacer papel. La nube es esencial para que exista el papel».

Ser paz, de Thich Nhat Hanh

Todo niño necesita que le quieran, ¿verdad? Cuando era pequeña quería amor, solo amor. Hacía lo imposible para asegurarme ser querida, lo que fuera con tal de que me valoraran, mi puerta de entrada al paraíso de sentirme aceptada y amada. Pero tenía que ganármelo. Me daba mucho miedo hacer algo mal que impidiera mi paraíso. Para mí el amor era de un cristal muy delicado que yo podía romper con cualquier descuido. Siempre tenía miedo de hacer añicos el amor.

Era como si mis relaciones estuvieran definidas por agradar a los demás. Tenía que ser perfecta para alcanzar el amor y que el cristal no se quebrara. Vigilaba mi manera de hablar, de vestir y de comportarme en cada minuto. Tenía que proteger mi burbuja constantemente. Desde entonces no me gusta discutir. Aún hoy después de tantos años, me quedan rezagos de esos temores y puedo percibir a leguas una mala cara que hace que me pregunte si habrá sido por culpa mía. Necesitaba que todo el mundo estuviera bien conmigo y me dijeran lo bien que lo hacía todo. Sin darme apenas cuenta, me fui aferrando a creencias rígidas sobre cómo actuar, lo que era correcto y lo que no. Pero eso no fue todo. Mis padres me vigilaban mucho y de alguna manera eso me hizo creer que el mundo era peligroso y yo no podía confiar en nadie. Cada vez me sentía más insegura y cohibida. Como puedes imaginar, fue natural que me costara mucho hacer amigas, ser abierta y auténtica. No me gustaba mostrar mis inseguridades. Mientras tanto, sentía falta de oxígeno con las restricciones familiares. No me quedó más remedio que ocultarme. Mentía siempre para no hacer planes sociales y me aislaba cada vez más.

Así se formó mi forma de ver el mundo y de juzgarlo todo. Todo se volvía negro, el cristal siempre estaba en peligro extremo. No me dejaba disfrutar de lo que realmente me gustaba como una buena cena con alguien querido, las risas compartidas, una charla sincera para decir abiertamente lo que pensaba y más. Lo externo me afectaba mucho, siempre cargado de pedruscos para mi cristal.

Ha pasado el tiempo y he aprendido que así no me vinculo de manera sana con la vida. Todo empezó con la crisis personal hace unos años. En aquel momento hice algo impensable para mí hasta entonces: me decidí a pedir ayuda e ir a terapia. Fueron los primeros pasos para preguntarme por la calidad de mis vínculos. Comencé a ver desde dónde me había relacionado con las personas, con la comida y mis problemas de peso, con lo material, en mi relación de pareja y el tipo de familia que había construido. Pero, ante todo, con el estilo de vida que llevaba. Y lo que vi no me gustó.

No fue una gran revelación. Yo ya venía de mucha infelicidad, soledad e inconformismo. Había sostenido un matrimonio feliz por apariencias y conveniencias personales. Había mostrado una familia perfecta que encajaba con el sentido del deber en el rol de mamá con hijos sin problemas porque si los tuvieran, significaba que yo era una mala madre. Había apuntalado un estilo de vida que nos ayudaba a encajar en un círculo social exigente con las formas. Después de la separación, puse la cereza en el pastel y continué demostrando durante años que no pasaba nada. Todo seguía igual por el bien de los hijos. Mi exesposo y yo éramos amigos. Era justo lo que se esperaba de mí. Así obtenía el reconocimiento de mi familia y mi círculo social. Todo se mantenía estable. El cristal seguía intacto. Y yo continuaba a salvo en una calma superficial. Pero me encontraba en un espacio nada confortable.

Un día me di cuenta de que no tenía a nadie a mi alrededor con quien hablar realmente. No podía mostrar mis sentimientos ni contar lo que me pasaba sin estar pendiente de la reacción de los demás. Me encontraba muy sola aun cuando estaba rodeada de muchas personas. Y mi perro Jack, que en realidad era de mis hijos y una carga más de tantas, se fue convirtiendo en la única compañía que no me cuestionaba nada. Era leal y no esperábamos nada el uno del otro. Interesante, ¿verdad? Jack fue mi primer vínculo realmente significativo en esta época y abrió la puerta para otros muchos más.

La forma en que nos relacionamos con nuestro entorno puede bloquearnos si vivimos de una manera que no es auténtica o todo lo contrario. Los lazos que establecemos con personas, circunstancias y cosas, así como la imagen que proyectamos hacia los demás nos ayudan a percibir la existencia. Por eso los vínculos significativos son tan importantes para percatarnos del sentido de vida.

Estos vínculos dependen de lo que hemos experimentado y aprendido en nuestro pasado, especialmente en la niñez temprana. Ese es el momento en que construimos las relaciones con nuestros padres y cuidadores, con aquellos que atienden nuestras necesidades básicas. Los juegos e incluso las peleas y la forma de resolver los conflictos con nuestros hermanos. Yo tengo la bendición de tener una hermana y en alguna época de niñas jugábamos y nos peleábamos por igual. A veces, de manera muy fuerte. Pero lo resolvíamos y volvíamos a nuestros asuntos después. Y más adelante lo mismo sucede con amigos, profesores y figuras de influencia o autoridad.

Desarrollamos conductas de apego desde esos aprendizajes porque nos ayudan a sentirnos vistos, seguros y atendidos. Y a este respecto me gustaría rescatar las palabras del autor

Walter Riso en su libro *Desapégate sin anestesia* porque nos ayudan a entender mejor lo que nos sucede en estos casos: «Si consideras que algún deseo, sueño o meta es imprescindible, necesario, imperioso y/o determinante para tu existencia psicológica o emocional, es muy probable que te apegues a ello con toda la fuerza posible».

Walter Riso nos ayuda a entenderlo cuando afirma que «lo que define el apego no es tanto el deseo sino la incapacidad de renunciar a él en el momento que el vínculo resulta dañino para la salud mental y/o el bienestar de uno, del mundo y de la gente que nos rodea». Nos aferramos a esa calma aparente, aunque estemos desconectados de la vida e incluso sufriendo.

Otra manera de vincularnos que no nos ayuda es hacerlo desde ideales ajenos. Podemos saber que lo son porque los hemos forjado a lo largo de la vida de acuerdo con parámetros que nos va imponiendo la sociedad y que vamos adoptando para nosotros porque precisamente estamos desconectados de nuestros propios valores. Mantenemos relaciones con expectativas muy altas o queremos cambiar a las personas de acuerdo con nuestros ideales.

Ya no podemos aceptar al otro como es. Y no podemos evitar caer en el perfeccionismo que nos lleva a querer controlarlo todo y desechamos sin más lo que no se ajusta a nuestros ideales.

El autor Ricardo Peter nos ayuda a entender la perfección en todo su alcance. En su libro *Líbranos de la perfección* nos recuerda que «Intentar la perfección no hace perfecto al hombre sino todo lo contrario; hace que se sienta en un estado de disgusto crónico… La perfección envilece todo lo que es humano, es decir, limitado».

¿Cómo nos vinculamos?

En primer lugar, nos vinculamos con nosotros mismos. Depende de la manera en que nos percibimos y nos relacionamos con nuestro cuerpo, nuestra mente y nuestro espíritu. También se refiere a cómo nos vemos en el mundo y nos ven los demás.

Podemos establecer un vínculo válido en este apartado cuando establecemos una relación sana con nosotros mismos, en la que nos apreciamos con valor, capacidad, dignidad e importancia más allá de lo que nos pase. Y se alcanza con un autoconocimiento profundo.

En segundo lugar, nos vinculamos también con los objetos. Depende de la intención con la que valoramos los objetos y el lugar que les otorgamos en nuestra vida.

Podemos establecer un vínculo válido en este apartado cuando usamos objetos que nos resultan útiles. Eso ocurre cuando nos contestamos a la pregunta «¿para qué?». No les otorgamos significados que reemplazan los recuerdos, las vivencias o las personas. Es así como evitamos ser sus esclavos.

En tercer lugar, nos vinculamos también con nuestro entorno, con la naturaleza, los animales, con nuestro trabajo y nuestra vida social. Depende de la manera en que nos acompaña sin determinarnos ni limitarnos, sin restarnos libertad para crecer y desarrollarnos.

Podemos establecer un vínculo válido en este apartado cuando responden a lo que es valioso para nosotros y son un camino que nos conduce al contacto con la vida, a la consciencia de nuestro límite y al disfrute.

En cuarto lugar, nos vinculamos espiritualmente. Depende de algo más grande que nosotros mismos, algo que nos ubica en el cosmos y nos ayuda a saber que somos una parte importante del Todo.

Podemos establecer un vínculo válido en este apartado cuando nos damos cuenta de nuestra misión trascendente lo que va más allá de nuestro ser personal, esa nube necesaria para que exista el papel, que nos indica Thich Nhat Hanh en la cita inicial.

Vínculos sanos y vínculos tóxicos

Los vínculos sanos se construyen desde la libertad de lo que somos y lo que queremos para nuestra vida. Con ellos reconocemos al otro como un ser humano digno y valioso, único y diferente. Nos permiten valorar al otro sin olvidarnos de nosotros y nuestras vulnerabilidades, con nuestros errores y aciertos y las de ellos. Esta aceptación incondicional, sin juicios y libre es lo que denominamos un vínculo sano y la idea es que nuestros vínculos importantes, y significativos sean así, sanos. Que se edifiquen desde la plenitud, no desde la necesidad de reconocimiento. Se perfilen desde nuestra abundancia y no desde todo lo que nos falta. Se construyan desde nuestra esencia y no a partir de apariencias para lograr ser aceptados. Nos impulsen a entregar y recibir plenamente sin querer cambiar al otro sino enriqueciéndonos con la diferencia.

Por el contrario, los vínculos tóxicos nos alejan de nuestros valores y desdibujan nuestra identidad. Ya no actuamos desde nuestra libertad, sino a partir del miedo al abandono, la escasez, la falta de libertad interior y el apego excesivo. Dependen de lo que nos falta y el temor a perder lo que creemos que nos puede dar el otro, una situación o un objeto. Evidentemente, nos hacen mucho daño. Provocan que nos sintamos infelices, estancados e inseguros. Nos empujan a dinámicas destructivas con personas, situaciones o cosas que nos esclavizan y de las cuales es difícil escapar porque, al final, obtenemos algún beneficio inconsciente. Se convierten en vínculos adictivos que la sociedad refuerza cuando nos imponen conceptos de apariencia personal, de formas de amor, de parámetros que se deben cumplir.

Cuando no hay vínculos significativos sanos, nos encontramos muy solos y podemos acabar sintiendo un vacío existencial importante. En cambio, vínculos significativos sanos siempre son fuente de bienestar, salud y sentido de vida.

Me atrevería a decir que todos hemos tenido un familiar cercano, un amigo, un profesor o alguien de gran influencia en nuestra vida que lo único que ha hecho es deshacer nuestros planes, socavar nuestra autoestima e indicarnos todos los errores que tenemos, mientras detiene lo que nos proponemos. Personas que, en lugar de ver más allá, de admirarnos por lo que somos o ayudarnos a crecer, son críticas implacables de lo que hacemos, a pesar de que nos quieran. Tienen creencias fuertes que nos imponen sobre lo que debe ser el amor, las relaciones, el éxito. No suelen aprobar nuestras decisiones si son diferentes a las de ellos.

Recuerdo a N., una joven que llegó a mi consulta porque tenía escasas relaciones amorosas y muy poco duraderas. Quería alcanzar un cambio sustancial en su vida. Su sueño era casarse, tener una familia con hijos y ser dueña de una casa. No lo había logrado hasta entonces y se sentía muy ansiosa por este vacío. Se había esforzado y había probado sin éxito todas las estrategias que encontraba en revistas y programas del corazón. Dado que ningún hombre le parece lo suficientemente atractivo o solvente. N., acaba por rechazar inmediatamente y alejar a todo el que no cumpla con alguno de sus parámetros. En cambio, se vuelve insistente hasta agobiar a los escasos hombres que encajan en sus exigencias. Me cuenta todo esto mientras repite varias frases que se han quedado grabadas en su inconsciente como «ese muchacho si es de buena familia» o «ese está como muy morenito» o la de «a saber de dónde habrán sacado el dinero, porque el mono, aunque de seda se vista, mono se queda». Son las mismas frases con las que sus padres han evaluado a sus amistades desde el colegio.

N., empieza por conocer exactamente qué es importante para ella y qué no. Esto lo realizamos en un espacio de reflexión basado en preguntas que llamamos diálogo socrático, que pretende desentrañar todo lo que ella piensa realmente y qué es lo que ha aprendido de sus padres y cultura para poder separar y quedarse con lo que resuena con ella. De hecho, una de sus mejores amigas y con quien se siente muy a gusto, no es aceptada por sus padres, y es parte de lo que la ha impulsado a reflexionar. Pero aún queda mucho por hacer, aún le quedan muchas creencias limitantes que analizar y cambiar. Lo importante es que poco a poco N., se ha hecho consciente y ya no hace todo porque toca, sino que se toma el espacio de detenerse y pensar antes de actuar. Ya sabe que no va a encontrar a alguien perfecto pero que sí va a poder saber con qué puede vivir, que le gusta y qué realmente no va con ella.

Las relaciones tóxicas, aunque dolorosas, pueden aportar ventajas inconscientes en más de una ocasión. Permiten lograr la aceptación de un grupo, disfrutar un estilo de vida ventajoso, tener a todos contentos, recibir premios y sentir la gratificación por lograrlo, consolarnos emocionalmente y dejar de sentir la incomodidad. Incluso se puede dar una relación tóxica con la enfermedad, cuando nos dan la atención que nos hace falta o nos libramos de no tener que hacer lo que no nos gusta. Estas ventajas inconscientes las convierten en adictivas. La gratificación es inmediata, aunque nos lastimen y vayan minando nuestra estima propia. Las relaciones tóxicas parecen más fáciles, aunque paguemos un precio muy alto. En cambio, el trabajo interior y la toma de conciencia requieren más tiempo y nos sacan de aquellos espacios personales en los que nos sentimos cómodos.

Las crisis relacionales nos pueden conducir a tener síntomas físicos fuertes, fatiga crónica, dolores de cabeza, incluso sufrir de enfermedades autoinmunes. Se debe al estrés permanente que va minando la alegría de vivir y nos hace cuestionarnos nuestros valores personales. Muchas veces se empieza a desconfiar generalizadamente de los otros y acabamos por aislarnos socialmente.

Hace un tiempo tuve el caso de C., quien se sentía menospreciada por su novio. Desde que vivían juntos, la criticaba constantemente y le repetía lo que él esperaba de ella todo el tiempo. Antes, cuando aún no compartían casa, no era tan notorio, aunque sí había varias banderas rojas o indicios, ya que él tenía una forma de ver la vida muy tradicional. Además, estaba muy apegado a su madre, la admiraba y la ponía de ejemplo a C. cada día.

La vida de C. se convirtió en evitar que él se molestara para que pudieran estar bien. Ella quería apostar por su relación ya que deseaba formar una familia con él. Pero cada vez tenía que ir con más cuidado. Medía lo que decía y lo que hacía para que él no la cuestionara. Se veía obligada a ir de puntillas, con cuidado de pisar cáscaras de huevo. C. dejó de ver a sus amigas y sufría de migrañas constantemente. Cuando intentó involucrarlo en el trabajo terapéutico, él se negó. Simplemente no se sentía responsable de nada, todo lo contrario. Al final, después de muchos ejercicios y mucha reflexión, C. logró terminar, aunque él no se lo puso nada fácil. Y ahora está iniciando una nueva relación en la que se siente valorada, acompañada y libre.

A mí personalmente me encanta observar la naturaleza y sus relaciones. Nada está fuera de lugar; existe una cadena alimenticia que se cumple para mantener el equilibrio. No vemos especies interactuando si no es lo adecuado bien sea para conservar la especie, o el ecosistema ¿Imaginarías a un león de pareja con un venado y manipulándolo para que haga lo que quiere a riesgo de comérselo? ¿O un puercoespín de la mano de un lindo conejito?

Para que nuestros vínculos significativos sean sanos, en conclusión, es necesario:

1. Autorregular nuestras emociones

La vida es emoción. Ignorarlas o esconderlas es lo peor que podemos hacer, simplemente no funciona. En nuestro deseo de mostrarnos ante los demás de una determinada manera con tal de lograr ser aceptados, nos alejamos de sentir. Luego evitamos exponernos, aparece la coraza y crece sin que lo veamos apenas. Pagamos un precio alto porque terminamos desafiando la vida.

Cuando no conocemos nuestras emociones ni lo que generan en nosotros, reaccionamos impulsivamente. Vamos a empujones entre tentaciones externas y sucumbimos a las compras compulsivas, a los atracones de comida, a las respuestas desproporcionadas. Y también sucumbimos a aguantar toda clase de maltratos de alguien por miedo a la soledad o aparentar lo que no se tiene para encajar. Necesitamos regularnos.

Podemos empezar por reconocer nuestras emociones, para lo que te sugiero hacer de cuenta que tienes un medidor emocional. Este ejercicio es una pequeña parte de la herramienta propuesta por Marc Brackett, psicólogo de la Universidad de Yale, investigador experto en el tema de las emociones y creador del método RULER[1] (por sus siglas en ingles) para reconocer, entender, etiquetar o nombrar, expresar y regular las emociones, que se ha empezado a enseñar en muchos colegios a nivel nacional en Estados Unidos y que nos comparte en su libro *Permiso para sentir*.

En un papel dibujas una línea horizontal que va a medir el placer que te causa algo, una situación, un encuentro con alguien, un objeto que adquieres, etc. Le pones una numeración que va desde lo más desagradable hasta lo que verdaderamente te gusta, -5 hasta +5 siendo el 0 neutro, te es indiferente. También mides la energía con una línea vertical, dependiendo si te sientes bajo de ánimo o totalmente energético. Y le atribuyes un punto de color. Para las emociones utilizamos, amarillo, cuando hay una sensación agradable que además nos hace sentir bien, felices, entusiasmados y optimistas. En el rojo, estamos muy activos, pero algo nos desagrada, nos causa

---

[1] RULER Método basado en evidencia para la educación social y emocional creado por David Caruso y Marc Brackett. El Medidor Emocional es una herramienta utilizada en dicho método para reconocer las emociones. Citado por Brackett, M. (2020). Permiso para sentir. Educación emocional para mayores y pequeños con el método RULER. Barcelona: Editorial Planeta.

rabia, ira. Estamos listos para huir, luchar, pelear, pero también para competir, para hacer algo de manera apasionada. En el verde, estamos tranquilos, serenos, seguros, sonrientes y en el azul, estamos bajitos de punto, tal vez tristes, preocupados, aunque también muy empáticos con quien sufre. Esto es solo el comienzo, pero te ayudará a ir siendo consciente de todos tus sentimientos y a conocer mejor tus reacciones corporales; a aprender sobre tus emociones.

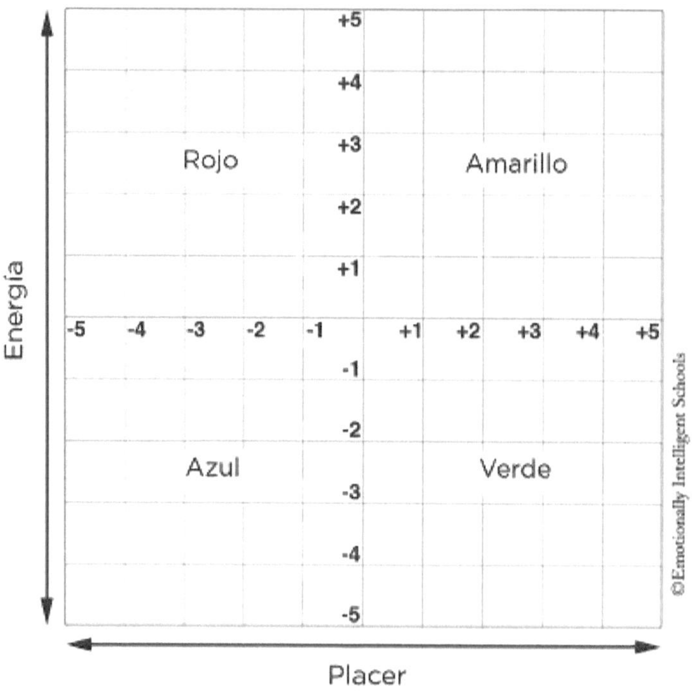

2. Conocernos a nosotros mismos: un camino para la aceptación y los límites

Se requiere madurez para escuchar atentamente, humildad para pedir ayuda, permiso para sentir desde el corazón. Con un trabajo profundo de autoconocimiento podemos darle espacio a cada emoción, ubicarla y tomar decisiones desde la intuición. Allí siempre están las respuestas más acertadas que luego podemos confirmar con la razón. Conocernos nos da la oportunidad de saber qué es lo que queremos para decir «sí» y «no» cuando es necesario y desde la libertad personal. También nos permite expresar lo que queremos y acompañar a otros en sus alegrías y dolores con una profunda empatía. Y logramos poner límites adecuados aceptando a los otros como son sin querer cambiarlos.

Si nos permitimos espacios de conexión interior, podremos escucharnos, alejarnos del ruido de las rutinas y hacer silencio dentro nuestro. Si no paramos, la vida nos lleva por delante. El entrenamiento emocional y el autoconocimiento deben ser constantes. No damos lo que no tenemos. Te sugiero empezar una práctica de 10 minutos de oración, meditación, respiración consciente, o silencio para escucharte, empezar a saber realmente quién eres y que necesitas.

3. Darle a cada cosa su lugar

Amamos a las personas y usamos las cosas. No amamos las cosas y usamos a las personas. Parece evidente, pero a veces no es tan sencillo. Forjamos vínculos humanos a través del amor, la libertad y la aceptación. Y establecemos vínculos con las cosas desde su utilidad.

Nos servirá mucho saber para qué hacemos cada cosa. Podemos comer conscientemente o bañarnos, vestirnos y, por supuesto, trabajar o realizar las actividades del día a día de forma consciente. Cada encuentro familiar o social se beneficiará si lo hacemos con plena consciencia.

Cada acción que emprendemos es sagrada porque sirve a un propósito valioso y único para nosotros. Por eso nos beneficiamos al darle un lugar especial en un instante preciso. Cada ser humano con el que nos cruzamos en el día también es sagrado, porque cumple con alguna misión que terminará afectando nuestra propia existencia. Si le damos la importancia que merece, crecemos emocionalmente. El ejercicio en este punto es preguntarte ¿para qué? Cada vez que haces algo y responder al menos con una razón. Verás cuantas veces decides no comprar eso que tienes en la mano, o no comerte eso que acabas de sacar. Otras tantas decides apagar el televisor o dejar el celular a un lado.

4. Ser auténticos

No podemos querer gustarle a todo el mundo, aunque sea incómodo el rechazo de alguien. Podemos ser libres y mostrarnos tal como somos, sin máscaras. En efecto, podemos darnos autenticidad desde nuestras fortalezas, habilidades y virtudes, tanto como desde nuestra vulnerabilidad, nuestras debilidades y sombras. Al lograrlo nos responsabilizarnos de quienes somos y de las decisiones que tomamos. Somos más dueños de nosotros mismos, de lo bueno y lo malo. Mostrarnos tal y como somos implica que los demás también tienen el permiso de hacerlo. Se trata de algo muy importante porque no podemos tener un vínculo significativo con nadie si está basado en falsedades y apariencias. El otro tiene que saber con quién está y nosotros también.

¿Cómo te suena ser el autor de tu propia vida? ¿Crees que es posible? La autenticidad lo facilita de forma exponencial. Y no implica descuidar la forma de comunicarnos, ni ofender ni desparpajo. La gran ventaja de ser auténticos es que nuestra comunicación nace de nuestros sentimientos más profundos y ya no de enjuiciar o culpar.

Irvin Yalom, psiquiatra existencial y escritor norteamericano, afirma que «lo que cura es el vínculo». La gran medicina es confiar en el otro, ser auténticos e incondicionales. Los vínculos sanos e íntimos son determinantes para nuestra salud y longevidad. Los buenos vínculos no son una cuestión de cantidad sino de calidad. Lo importante es que cada relación sea fluida y libre, que nos haga sentir seguros, amados e importantes mientras nos otorga un sentido de pertenencia. Nos permite sentirnos aceptados tal como somos desde nuestra diferencia, nuestra vulnerabilidad y autenticidad sin tener que aparentar.

 **PARA RECORDAR**

- Los vínculos significativos sanos curan el alma y evitan que el cuerpo enferme.

- Vincularnos sanamente es relacionarnos desde el amor, la paz y nuestra totalidad. Nos entregamos al mundo con la libertad para elegir y con la responsabilidad para tener en cuenta cómo afectamos todo con nuestras relaciones.

- Cuando vivimos desde el apego excesivo, debido a la dependencia y la falta de libertad interior, la forma de relacionarnos se vuelve tóxica, adictiva y nos hace mucho daño.

Para tener vínculos sanos es necesario:

- Regular nuestras emociones, para poder actuar con intención y no reaccionar por impulso.

- Conocernos para saber quiénes somos, qué queremos y para dónde vamos, y poder aceptar al otro tal como es sin necesitar nada diferente.

- Darle a todo su lugar para amar a las personas y usar las cosas de acuerdo con nuestra meta de vida.

- Ser auténticos para hacernos dueños de nuestra vida y poder Ser y dejar ser en la relación.

 **MOMENTO DE REFLEXIÓN**

A continuación, te presento una lista de preguntas valiosas. Te ayudarán a valorar la forma en que te vinculas con las personas cercanas a ti. También te sirven para lo material, lo espiritual y todo lo que haces.

- ¿Qué palabras describen mejor para ti lo que significa una persona importante en tu vida? Puedes usar tu medidor emocional para saber también qué tanto te agrada o cómo te hace sentir.

- ¿Qué cosas harías sin que nadie te viera? ¿Qué pensaría de ti tu persona importante si te viera haciéndolas? Aquí te invito a lanzarte, a pensar en esas cosas que vienen a tu mente y no te has atrevido nunca por cualquier motivo.

¿Qué haces para cuidar tus verdaderos vínculos de amistad? Haz una lista de acciones que emprendes para estar en contacto con aquellos que más quieres; evalúa si haces lo suficiente, si es adecuado o si de pronto estás dando más importancia a otras personas que no significan tanto para ti.

- ¿Qué te cuesta aceptar de tus personas más cercanas (padres, pareja, hijos)? ¿En qué te afecta? El medidor emocional te puede ayudar a ubicar el cuadrante más adecuado y ser más consciente de lo que puedes trabajar o los límites que puedes poner.

- ¿Qué te cuesta aceptar de tus personas más cercanas (padres, pareja, hijos)? ¿En qué te afecta? El medidor emocional te puede ayudar a ubicar el cuadrante más adecuado y ser más consciente de lo que puedes trabajar o los límites que puedes poner.

CAPÍTULO 2. VIVIR EL AMOR PLENAMENTE

«Amar no es mirarse el uno al otro; es mirar juntos en la
misma dirección»

Tierra de hombres, de Antoine de Saint–Exupéry

Cuando comencé a caminar mi nuevo rumbo, todas las expectativas que en mi juventud tenía sobre el amor, el matrimonio y la familia cambiaron de la noche a la mañana. En realidad, fue un proceso que se extendió durante años y fue floreciendo. Ahora miro hacia atrás y me pregunto cómo no lo vi antes y cómo pude haber estado tan dormida sin darme cuenta. Por eso creo que es tan importante lo que te cuento en este capítulo. A mí me habría ayudado mucho, estoy convencida.

Al echar la vista atrás, puedo verme perfectamente y cómo estaba preocupada con los graves problemas de pareja que tenía. Sabía que algo no acababa de encajar, pero no quería verlo ni en su plenitud ni conscientemente. Es algo que suele pasarnos, ¿verdad?

La primera vez que empecé a tomar nota de cuanto me estaba sucediendo fue durante una charla con un par de amigas tomándonos unos vinos. Una de ellas estaba en pleno proceso de divorcio y se desahogaba contándonos sobre lo que no había ido bien en su matrimonio. Se quejaba de las pocas veces que disfrutaba de la intimidad con su marido, cada vez tenían menos sexo. Dijo un número que cifraba la clave de su alejamiento. En aquel instante me confesé para mis adentros que ese mismo número también era mío. Me dio un escalofrío. Y eso solo por nombrar un área importante. Las preguntas empezaron a agolparse en mi cabeza. Yo ya sabía que en el día a día me sentía sola, invisible y sin apoyo con mis tres hijos. Mi esposo trabajaba a todas horas y apenas nos veíamos. Yo me recordaba que no nos faltaba nada económicamente, que teníamos buena salud todos y que no debía quejarme. Pero la vida es más que sobrevivir. Me resisto a pensar que la vida matrimonial sea un aguantar «hasta que la muerte nos separe». ¿Qué hay de las caricias, de la alegría, de la intimidad? ¿Por qué soportar los pormenores de la infidelidad? ¿Por qué permitir que nos amen mal o nos traten peor? Empecé a preguntármelo todo, ya no me bastaban las respuestas que me daba siempre, necesitaba nuevas respuestas porque yo misma estaba cambiando y viendo más, cada vez con menos miedo.

Esto me recuerda algo que se me quedó grabado hace tiempo. Son palabras del doctor Efrén Martínez PhD en su libro *Hazte dueño de ti*: «Permanecemos donde estamos, a veces por circunstancias difíciles de cambiar, en muchos casos es tan solo miedo de desacomodarnos y asumir la propia vida. El "qué dirán" social y la apariencia construyen cárceles con barrotes invisibles muy difíciles de romper, pero inexistentes ¡nada como una buena jaula mental!»

¡Me había metido en un montón de jaulas mentales! Especialmente en el área del amor. Allí mezclaba una serie de beneficios inconscientes como la seguridad económica, tener una familia «como Dios manda», darles un hogar estable a los hijos y encajar en la sociedad, etc. Acarreamos con muchas creencias a lo largo de nuestra vida con la educación, la cultura y la religión sin apenas darnos cuenta y les damos un valor inalcanzable en muchas ocasiones.

Mi idea del amor romántico se fue desvaneciendo, mi pareja y yo nos habíamos alejado irremediablemente. Durante algunos años no pude aceptar lo que había pasado, tampoco podía perdonar el engaño y caí en un estado de melancolía profunda. Me costó mucho trabajo salir de allí. No fue fácil aceptar que la responsabilidad siempre es de dos.

Hubo muchas señales ya desde el noviazgo que había decidido ignorar desde el inicio. Pensaba que a pesar de que no sentía las famosas mariposas en el estómago, podía crear el amor y que podría moldear a mi pareja de acuerdo con mis gustos y necesidades. Podía cambiarlo si me aplicaba. Llegué incluso a presionarlo para que nos casáramos.

El amor no es un ideal de película, es real. En el amor podemos convertirnos en trampolines para que el otro encuentre su mejor versión y viva una vida plena o podemos ser fuente de sufrimiento constante. A muchas personas nos ha pasado que nos creemos el cuento de la perfección para al final comprobar que solo hay dos seres humanos compartiendo todo, lo bonito y lo feo.

El amor de pareja no es sino una de las tantas posibilidades que al ser humano se le ofrecen para dar un sentido a la vida. No es la más importante de ellas, ni mucho menos. La vida es muy rica en oportunidades para encontrar sentido. Y si alguien no tiene una relación de pareja, puede igualmente dar a su vida un sentido extraordinariamente grande.

En el amor, como en todo, la clave es decidir a conciencia. Así nos evitamos debilitarnos y caer en el victimismo. Tenemos el poder de elegir. Lo que nos define es qué hacemos con lo que nos pasa. Evidentemente me sentí víctima muchos años. Pero intuía que había algo más y mejor para mí. Empecé a ver y tomar conciencia hasta que tomé la decisión de hacerme cargo de todas las elecciones que había hecho. Fue un proceso de empoderamiento que al principio me costó. Y acabé separándome para poder empezar a recomponer el amor propio y la autoestima perdida. Pasaron años, pero poco a poco fui encontrando mi camino nuevamente. Ya no había marcha atrás para amarme a mí misma. Volví a creer en el amor. Me di cuenta de que toda la naturaleza es una expresión de amor incondicional que crea y renueva constantemente. El amor es la fuerza poderosa que da vida, construye y mueve el mundo. Y hasta hoy, que me descubro mirando por la ventana cuando un pájaro está solo en una pequeña rama cantando y sacudiendo sus plumitas después de la lluvia. Me gusta más aún cuando luego llega otro y empiezan sus aleteos cómplices, se picotean y emprenden el vuelo juntos. Y entonces sé en mi interior que todos los seres podemos amar y que todo empieza por el amor hacia nosotros mismos. El amor no es ciego, sino que revela toda nuestra grandeza y la del ser amado, todo lo que podemos llegar a ser.

Así lo vislumbra la psicóloga especialista en Logoterapia, Eliana Cevallos, que ha dedicado su práctica a trabajar el concepto de las personas completas e indivisibles. Ayuda a parejas a entenderse y a cambiar paradigmas reduccionistas de los roles predeterminados y todo cuanto está asociado, como el tema de fidelidad, la toma de decisiones y mucho más. Uno de sus libros más importantes es *La didáctica del amor en pareja*, en el que nos lleva de la mano para ver el encuentro amoroso como una fuerza importante en el crecimiento personal y la expansión del ser humano.

Hay muchas maneras de amar, pero todas tienen algo en común. Puede haber una unión espiritual de almas que miran juntas en la misma dirección. ¿Quién no desea alcanzar ese amor? Es un amor donde cada uno puede ser quien es libremente. Es un modo muy maduro en el que se ama al elegir al otro intencionalmente sin dejar de ser uno mismo.

Me gusta pensar en esas parejas que respetan sus diferencias y no intentan cambiar al otro ni moldearlo a sus gustos; aquellas que no tienen que pensar lo mismo todo el tiempo pero que se apoyan en sus proyectos, viendo al otro como único y valioso, exclusivo e irremplazable. La sexualidad es una forma de expresión del amor. Esas parejas tienen sus espacios propios, confianza plena en el otro, honestidad y transparencia. Allí hay elección para caminar juntos hacia el mismo lado.

También encontramos el amor entre afinidades e intereses comunes que nos comprometen y una atracción más allá de lo físico que lleva a la pareja a caminar de la mano. Es un modo de amar en la compatibilidad. Pienso en esas parejas que la pasan bien, que hacen muchas cosas juntos, se divierten y tienen causas y proyectos comunes que las unen. Su sexualidad es muy importante pero no lo único. Es un amor más reflexivo muy diferente a esa conmoción inicial del enamoramiento llena de ilusión, cuando priman el plano físico, la pasión y la fantasía, en la que vemos al otro perfecto, tal como lo soñamos, pero irreal. En este tipo de amor romántico, la parte física y sexual empuja, es muy fuerte y satisfactoria y por un tiempo la relación es muy intensa.

Cada caso es personal y es posible vivir de una u otra manera durante mucho tiempo, como también es posible evolucionar y madurar el amor hasta hacerlo eterno.

Me viene a la mente el caso de C., en mi consulta. Estaba en una relación muy reciente y poliamorosa, no elegida por él sino por su novia a quien amaba profundamente. Viene a mi consulta porque no está del todo satisfecho. Pero también siente que no puede salirse porque significaría dejar a su novia. Está muy enamorado y ha dejado de lado sus necesidades propias por miedo a que ella lo abandone. Comenzamos por la base: que él se reconozca primero, aprecie sus valores y mejore su autoestima. Luego evaluará su relación y tomará decisiones sin alejarse de su propia esencia. No se trata de un trabajo fácil ni rápido, sobre todo porque la parte física y el enamoramiento es lo predominante en la etapa en la que se encuentra esta pareja. Pero C. hace un gran trabajo de introspección y se da cuenta de que una relación tan abierta no es lo que está acorde con sus principios y que valora mucho el poder llevar su relación con su novia a un nivel más profundo pero que tantas complicaciones se lo impiden. Decide hablar con ella, exponerle sus temores y sus deseos. Expresar lo que necesita, sus límites. Desafortunadamente, ella no está de acuerdo y deciden terminar la relación y C. sufre por la ruptura afectiva, como es de esperar. El trabajo que él ha realizado de autoconocimiento, de aceptación y de amor propio, lo ayudan a entender que, aunque quiere a su novia, no es lo que él espera a largo plazo. Por supuesto transita su duelo, pero no se queda solo, ya es buena compañía para sí mismo hasta que encuentre otra persona que comparta su visión de la vida y del amor.

A mi consulta también llegaron R y L, una hermosa pareja de 32 años de convivencia. Estaban pasando por un momento muy doloroso a causa de la muerte de uno de sus hijos en un accidente de tránsito. Todo había sido muy repentino y por supuesto, inesperado. Cada uno vivía el dolor a su manera, expresándolo de diferentes formas. Ella, con muchos recuerdos hacía homenaje a la memoria de su hijo invitando a almorzar a la familia, sus otros hijos y nietos, cocinando lo que más le gustaba a él. También les contaba historias a los nietos para que conocieran a quien fue su tío. Y él, aunque más callado, se dedicaba cada día a elaborar un álbum de fotos con los recuerdos de momentos especiales de su familia. Lo que más me impresionó fue el respeto que cada uno de ellos sentía por el dolor del otro. Habían venido a mi consulta porque quería explorar maneras de ayudarse a transitar sus duelos y buscaban nuevas ideas. Trabajamos mucho en la expresión de sus sentimientos pues, aunque eran muy unidos, les costaba trabajo expresar el dolor al creer que podrían herir al otro si dejaban salir realmente lo que sentían.

Llevaban muchos años juntos y este grado de compenetración mutua que compartían no había estado desde siempre. Se habían ocupado del amor, alimentando la relación cada día con detalles y cuando tenían problemas, los hablaban y se escuchaban sin guardarse nada. Pero en una situación como esta, estaban preocupados por los sentimientos del otro. Las sesiones fueron liberadoras para los dos que pudieron llorar y desahogar todo lo que tenían dentro de una manera tranquila y acompañada. También trabajamos en ideas para hacer homenaje a la vida de su hijo juntos, en algo que pudieran compartir y se decidieron por apoyar a otros padres que estaban pasando por el mismo dolor.

En el amor, lo que es superficial y temporal no nos permite crecer juntos. En la inmediatez se puede llegar a negar a la persona y exaltar el placer. Para construir se precisa tiempo, conocimiento y profundidad. No podemos amar lo que no conocemos. El amor no es un sentir sino un movimiento, un verbo, una acción constante. Se experimenta personalmente, no es tan solo teoría, necesita un tiempo para que madure y se vuelva sólido. En muchas ocasiones solo estamos buscando llenar vacíos que tenemos en nosotros mismos porque desconocemos que hay otras opciones. Y nos pasa que estamos bajo la influencia de creencias sobre lo que debería ser una relación amorosa. Así nos es imposible valorar al otro simplemente por lo que es.

Antes de continuar, necesitamos detenernos en las claves para tener una relación amorosa más profunda:

1. Aceptar al otro que siempre se muestra como es

Muchos de nuestros problemas de pareja provienen de la idea que tenemos del otro y de lo que imaginamos que sería ideal para nosotros. Es decir, estamos pensando en cambiarlo y que se amolde a nuestras necesidades.

El otro es como es y en su ser único puede ofrecernos cosas nuevas. Lo importante es saber que todo va mucho mejor con alguien realmente afín a nosotros en lugar de querer cambiar a quien está poco alineado con nuestros valores. Lo que nos ayuda es ver cómo cada uno se define por lo que hace y no por lo que dice que hace.

Si, por ejemplo, desaparece durante días y luego vuelve como si nada, si es infiel habitualmente, si es poco detallista, si no le interesan nuestras cosas, no va a ser alguien diferente por mucho que lo amemos. Nos ayuda, aunque cueste, volver a la realidad y pensar en lo que realmente es valioso para nosotros y en lo que queremos para nuestra vida. Una vez que lo tenemos bastante claro, sabremos con qué podemos convivir y con qué no.

Aceptar a otra persona que es diferente de nosotros abre la puerta para que podamos reconocer el valor y la dignidad intrínseca de cada uno. Nos abre a ese misterio que es el otro en su constante existir. Amamos lo que es y lo que puede llegar a ser con una mente abierta que nos ayuda a ver que otras maneras de pensar y hacer las cosas también son válidas, aunque no sean iguales a las propias.

No se trata de tolerancia ni aguante o resignación. Tampoco es un sacrificio que después cobramos. No se trata de que tengamos que esperar a que el otro recapacite y cambie, porque esto se convierte en una relación de poder, de sumisión, de deudas pendientes.

Por supuesto, la aceptación exige desprendimiento y desapego. Se necesita confianza mutua y mucha seguridad propia para poder ser y dejar en libertad al otro. No podemos obligarnos a amar ni a que otros nos amen tampoco. Es mucho más sencillo y práctico compartir nuestra vida con alguien que quiera estar con nosotros.

2. Tener el coraje de dejarnos ver vulnerables

No se puede amar si no es en la vulnerabilidad, abrirnos completamente y dejarnos ver tal como somos, con nuestras fortalezas, debilidades, miedos, alegrías, pasado y sueños. Claro, esto requiere mucho coraje, porque es abrirnos a alguien que nos podría hacer daño, que podría aprovecharse de nosotros y eso genera mucho temor.

¿Acaso hay amor verdadero donde hay barreras? ¿Hay amor verdadero donde no se pueden abordar temas difíciles, donde solo hay superficialidad o donde no se puede ser auténtico, sino que hay que estar aparentando para ser aceptado? No hay amor si no conocemos realmente al otro.

Si no amamos con todo, con luces y sombras, si no aceptamos y somos aceptados en nuestra humanidad, perdemos nuestra identidad y nos embarcamos en una relación de apego y toxicidad dañina. No hay manera de controlar el amor.

3. Desmontar creencias sobre la relación de pareja o sobre lo que es el amor

Amar y abrir nuestra mente para aceptar las diferencias es todo. Empezamos a concebir el amor en nuestros hogares y desde nuestro amor propio. Cargamos con creencias que nos hacen pensar que necesitamos alguien que nos respalde para afrontar las dificultades. Todos crecemos con creencias sociales, pero depende de cada uno elegir cuáles nos pertenecen realmente y por cuáles vale la pena luchar. No siempre lo que es aceptado por la sociedad, funciona para uno en particular. Y así se generan una serie de ideas muy comunes. Por ejemplo, nos da lástima quien está solo y creemos que únicamente estando en pareja se es completo. O nos generan pesar los solteros, los viudos, los separados. Creemos también que el amor es sacrificio para el resto de la vida. O nos encantan los cuentos de amor a primera vista. Hay tantas creencias como personas y sirven en muchas ocasiones para justificar vidas sin sentido, uniones sin amor, baja autoestima, vidas tristes, rutinarias e incluso el mal amor y el maltrato.

4. Nutrir el amor propio

El amor propio es una base indestructible sobre la cual apoyar una relación de pareja sólida.

Si soy buena pareja conmigo, si soy buena compañía para mí, nunca estaremos solos. Si estoy bien conmigo mismo, puedo expresar mis necesidades y ponerme límites adecuados. A partir de ahí podré ser buena pareja con alguien.

El amor propio es autoconocimiento. No podemos amar lo que no conocemos. Si descubrimos quiénes somos, qué es lo valioso para cada uno de nosotros, cuáles son los pilares de nuestro quehacer ético y moral se nos abren espacios de amor profundo. Si conocemos nuestras áreas luminosas y oscuras, lo que necesitamos en lo físico, lo mental, lo espiritual, podremos aceptar nuestra historia sin juicios y amarnos. Cuando nos describirnos tal cual somos con nuestras heridas, temores y aprendizajes, podemos avanzar y superarlos.

El amor propio es autoaceptación. Y decirnos sin tapujos que somos quienes somos. Así podemos identificar qué nos gustaría mantener y qué nos gustaría cambiar, sin necesidad de juicios severos ni máscaras. La autoaceptación nos permite sabernos valiosos, dignos y amados sin tener que demostrar nada a nadie. Implica saber que somos seres en constante cambio y, por lo tanto, estamos llenos de segundas, terceras e infinitas oportunidades.

El amor propio es auto proyección. Y así podemos imaginar cómo queremos llegar a ser y cómo nos vemos a futuro. Si somo flexibles y nos aceptamos, siempre podemos cambiar y mejorar. Podemos contemplarnos desde nuestro radiante potencial para pensarnos diferentes. Así podemos creer que tenemos oportunidad de ser mejores personas y alcanzarlo.

El amor propio es cuidarnos. Es aprender a escucharnos, reconocer cómo alimentamos el cuerpo y la mente, es también la calidad de nuestros vínculos, el cuidado de la salud; es mirarnos a nosotros mismos en continuo crecimiento. Cuidarnos es, además, decidirnos a ser proactivos con lo que nos conviene. Así podemos aceptar el malestar y actuar para mejorar, con una actitud libre ante la vida.

El amor propio es protegernos ¿Quién nos va a querer, cuidar, mimar o proteger como lo hacemos nosotros mismos? Esto es más difícil de asimilar para las mujeres, porque nos enseñaron que la protección, por ejemplo, venía del padre, del hermano, del marido. Pero al empoderarnos, nos damos cuenta de que todas las personas somos capaces, que todos podemos motivarnos para realizar todo lo que nos proponemos.

El amor propio es trascendernos. Podemos ver e ir más allá de nosotros mismos. Es contestarnos a preguntas como, por ejemplo: ¿qué huella quiero dejar en la vida?, ¿cómo transmito todo eso que soy y tengo? Podemos usar nuestro talento para ponerlo al servicio de los demás, para entregar lo que somos con entusiasmo e impulsar un cambio en el mundo. La trascendencia nos permite darnos cuenta de que somos parte del universo y que nuestra conexión espiritual afecta todo desde cada decisión que tomamos, como el efecto mariposa[2] La trascendencia es también nuestra responsabilidad por ser nuestra mejor versión de nosotros para el mundo.

---

[2] Es un ejemplo que explica la Teoría del caos propuesto por Edward Norton Lorenz, en el que si se parte de dos mundos o situaciones globales casi idénticos, pero en uno de ellos hay una mariposa aleteando y en el otro no, a largo plazo, el mundo con la mariposa y el mundo sin la mariposa acabarán siendo muy diferentes. En uno de ellos puede producirse a gran distancia un tornado y en el otro no suceder nada en absoluto. es.wikipedia.org/wiki/Efecto_mariposa

 **PARA RECORDAR**

Encontrar sentido en el amor implica:
- Reconocer el valor y la dignidad del otro. Empezar por reconocerla en uno mismo.

- Ver siempre su potencialidad. Buscar la plenitud de ambos.

- Es descubrimiento de su unicidad y a la vez respeto por el misterio cotidiano que abarca y que lo hace irremplazable.

- Unión de dos, totalmente completos. No existen las medias naranjas en las parejas.

- Amor de respeto, de reconocimiento y de armonía en la diferencia.

- Decisión, trabajo y entrega diaria.

- Amor a uno mismo, no como egoísmo sino como otra forma de vida en la que nos entregamos al mundo.

Para lograr una relación amorosa profunda es necesario:
- Aceptar totalmente al otro y creer lo que nos dice en palabras y en actos.

- Tener el coraje para ser vulnerables y auténticos ante el otro.

- Desmontar las creencias aprendidas y quedarnos con lo que realmente es nuestro.

- Trabajar el amor propio, porque nadie da cuando no sabe quién es ni lo que tiene.

MOMENTO DE REFLEXIÓN

Estas preguntas pretenden hacer un alto en la vida rutinaria de pareja, para reavivar intereses comunes y darle valor a la relación.

- ¿Cómo puedes hacer tu relación de pareja más satisfactoria? Haz una lluvia de ideas con actividades sencillas de entretenimiento que te gustaría compartir con tu pareja y otras que te gustaría hacer solo. Tu pareja debe hacer lo mismo y luego pueden planear en sus agendas una de las actividades en pareja (una de cada uno) al mes y su actividad personal. Es importante planear en la agenda, con fecha y hora y realizarlo. En total son 3 actividades al mes, prioritarias para la relación con el otro y con uno mismo.

- ¿Cómo son tus conversaciones con tu pareja y sobre tu pareja con los demás? La invitación es a ser consciente de cómo nos hablamos, qué decimos, el lenguaje que usamos, la claridad en la comunicación y a la vez ser conscientes de cómo hablamos del otro ante los demás.

- ¿Tienen espacios para los dos solos? O la relación ha perdido el asombro y es rutinaria… Un consejo que doy a parejas en mi consulta y que da excelentes resultados para trabajar juntos su relación es tener una cita al mes. Es necesario que sea en un lugar fuera de casa. Puede ser un restaurante o un parque. Es importante que se den un espacio de al menos 15 minutos para decir lo que les ha gustado o molestado del otro a lo largo de ese mes. La clave está en decirlo desde lo que hayamos sentido, desde la emoción que nos provocó y no como acusación. Por ejemplo: «que te fueras sin decir adiós ayer me hizo sentir poco vista, me gustaría que siempre nos diéramos un beso…». Habla de forma positiva y honesta. No des oportunidad a la discusión. Cuando habla tu pareja simplemente escucha, es una regla básica. El compromiso es aceptar y validar el sentimiento del otro e intentar en ese mes hacer un cambio de alguna forma para que cada uno se sienta atendido. Porque amar no es mirarse el uno al otro, es mirar juntos en la misma dirección.

CAPÍTULO 3. VER LA BELLEZA EN LA GRATITUD

«Quizá uno de los secretos de la felicidad estribe en renunciar a algo que todavía no se posee, para así gozar de lo que ya se tiene»
El Agradecimiento, de Miguel-Ángel Martí García

Miro por la ventana y no veo nada especial. No siento nada en realidad, es como tener las emociones aplastadas. Me sumerjo mecánicamente en la rutina diaria. Es solo un día más de trabajo con miles de cosas por hacer, compromisos que cumplir y, además, el clima bogotano lluvioso y gris. Lo único que siento es pereza.

Así era mi día a día. Una especie de aburrimiento por la vida que se fue gestando poco a poco en mi interior. Pasé muchos años dando todo por sentado desde levantarme y tener un trabajo, hasta mis hijos o mi casa. La lectura, que es mi mayor pasión, se convirtió en un número de libros que leer al año, mientras me reducía a consumir la mayor cantidad de novelas en el escaso tiempo que me quedaba.

Ver la belleza que el mundo nos regala y conectar con nuestro entorno no es fácil cuando hay obligaciones, cuentas por pagar y todos esos «deberías» por cumplir. Hice lo que tenía que hacer, pero perdí contacto conmigo misma. Dejé de ver lo bueno de la vida, empecé a descuidarme, a perder ilusión y a sentirme vieja. Perdí mi intuición.

Pensaba que no llegaría a cumplir 40 años y que iba a morir joven, no sé por qué, era una idea fija. Luego pasó el tiempo y me di cuenta de que no era cuestión de años sino de actitud. En realidad, me sentía viviendo más de lo que me correspondía, y me estanqué en todos los niveles de mi vida, en lo profesional y lo financiero, en mi vida social y amorosa, en mi apariencia personal también. Todo se aplastó y yo debajo de todo.

Este vacío me fue invadiendo poco a poco, por eso era difícil de detectar. Y darme cuenta de que me encontraba en este estado también. Varios sucesos importantes en mi vida funcionaron como detonadores. Uno de ellos fue nuestro traslado a Pittsburgh, Estados Unidos, por los estudios de mi entonces esposo. Nos fuimos con los tres niños durante un año y eso cambió completamente mi rutina diaria. Todo era nuevo, tan diferente. Además, allá no podía trabajar ni estudiar. Todo me empujaba a ser creativa porque yo quería que el poco tiempo que estuviera en esa nueva realidad fuera lo mejor para mí. Ese cambio me ayudó y comencé a ver con otros ojos la vida que estaba llevando. Me di cuenta de que tenía en mis manos la oportunidad de hacer algo diferente. Hice nuevas y grandes amigas que me ayudaron a percibir nuevamente lo que era importante para mí. Fue así como empecé a salir del vacío, arropada por ellas. Compartíamos actividades tan sencillas como llevar los niños al colegio o hacer álbumes de fotos que llenaron mi vida de un nuevo placer casi infantil. Miraba mis circunstancias con nuevos ojos. Y surgió la gratitud como una bendición. Podía ver cuánto me rodeaba y valorar los instantes preciosos. Fue un proceso pausado y lleno de mimo, una invasión de los sentidos y la vida.

Lograr ver lo sencillo y lo vital, las pequeñas cosas que damos por hecho como respirar, por ejemplo, es un proceso. Resulta más fácil cuando nos quitamos el velo de la indiferencia y la rutina de nuestros ojos. Así nace el asombro y nos dejamos sorprender por cuanto nos rodea. Así conectamos con la vida, nada más y nada menos. No hay secreto, aunque parezca que lo hay. ¿Y entonces, cómo lograr eso que tantos nombran y parece que nadie sabe muy bien cómo alcanzar? Abrimos estas puertas invisibles cuando sentimos y nos emocionamos para poder disfrutar de todo lo que se nos ofrece el día a día. Sé que es más fácil decirlo que hacer que suceda, pues el ajetreo diario nos va acostumbrando a vivir en una suerte de piloto automático. La vida automática no nos permite hacer nada significativo porque para ver la belleza que la vida nos regala es necesario detenernos e ir más despacio. Eso es vivir conscientemente. Es necesario hacer una pausa en la vorágine para encontrar sentido en la vida.

En demasiadas ocasiones no tenemos tiempo para dejarnos tocar por los sentidos, por lo que vemos, oímos, sentimos, saboreamos o lo que olemos. Muchos de nosotros damos por sentado todo lo que tenemos y lo extrañamos cuando lo perdemos, obviamente. Lo sencillo y cotidiano no nos impulsa por sí mismo a asumir un cambio de dirección. Necesitamos emociones fuertes para poder sentir algo, pues pasamos por la vida adormecidos y a la vez queriendo siempre más. Es una realidad, estamos desconectados del mundo y de nosotros mismos.

Comencé con un ejercicio muy simple que te recomiendo, si te gusta madrugar. Yo disfruto mucho y de manera profunda al sentir el olor limpio del aire al amanecer, cuando oigo el sonido de la ciudad despertando y veo la luminosidad del cielo a medida que sale el sol. Pronto me encontré dando gracias al universo al sentir el frío de la mañana y empezar mi día con unos minutos de conexión con esa maravilla que es darnos cuenta del inicio de un nuevo día. Ponte en sintonía con tu día y permítete fluir con el universo entero.

Si eres más nocturno, o te gusta levantarte un poco más tarde, el ejercicio es el mismo. No importa la hora, lo que si vale es conectar los sentidos con un momento del día o de la noche y captar las maravillas de lo que tenemos para empezar la jornada.

A medida que incorporaba esta nueva rutina, te confieso que me empezó a molestar la falta de observación así en general, la ausencia de detalles en mis relaciones y darme cuenta cuántas veces escuchaba sin poner atención a mis hijos o a mi marido. Hoy en día me siento muy mal cuando noto que he pasado un día sin maravillarme. O cuando dejo de sorprenderme de cosas cotidianas como tener una charla con alguien, poder ver a mis hijos que viven afuera o comer algo rico, por ejemplo. Para mí es muy triste comprobar cómo damos todo por sentado. ¡Hay tantos milagros sucediendo todo el tiempo! Y en tantas ocasiones simplemente creemos que debe ser así. Y nos perdemos lo mejor de la vida, de nosotros y de todo. Una actitud de agradecimiento me ayudó a darme cuenta poco a poco de cada uno de esos milagros. Luego empecé a establecer conexiones valiosas con todo lo que me rodeaba. En efecto, cuando agradecemos, reconocemos lo importante. Tomamos conciencia del entorno y de nosotros en relación con él. Es un camino de descubrimiento que requiere atención y es tarea consciente diaria. Si la abandonamos, damos pasos hacia atrás hasta volver a caer en la indiferencia.

En mis mañanas tempranas escucho a los pájaros en su quehacer, sus cantos y gorjeos en los árboles, algo que me encanta. No suelo verlos, pero noto su actividad enérgica. El canto de la mirla anuncia la lluvia, muy común en Bogotá. El canto del colibrí es de alegría cuando vuela alto. Antes la lluvia me causaba una mueca en la cara por las incomodidades que traía. Pero hoy en día, veo diferentes las cosas y la lluvia me parece bella, necesaria, me da una sensación de limpieza, de aire puro y hasta me he salido a saltar en los charcos a ver que se sentía. Cuando practico la gratitud, me doy cuenta de que todo eso está ahí: el canto del pájaro, el charco, la lluvia. Pero podría no estar o yo podría estar enferma o muerta y no tenerlo más. Lo cotidiano y hasta lo más sencillo como una taza de café en la mañana o tener agua para bañarnos es un milagro. Todo es un regalo.

Las emociones y sentimientos de la gratitud

No es lo mismo dar las gracias que sentirnos agradecidos. La gratitud nos ayuda a ir contactando con lo que nos emociona porque que es valioso para nosotros y aunque al principio damos las gracias simplemente, o por educación, poco a poco se convierte en gratitud por convicción interior. El hecho de agradecer nos hace ir contactando con lo que nos rodea, con lo que tenemos y somos. Nos impulsa a ver más posibilidades, a ser más solidarios y a ser más positivos.

Cuando sentimos gratitud, despertamos un sentimiento de satisfacción y de alegría por la vida. Ya hemos visto que uno de los caminos para encontrar sentido de vida, según el Dr. Viktor Frankl, son las experiencias que la vida nos regala cada día y que son valiosas para nosotros. Las emociones y los sentimientos adquieren la capacidad de abrirnos o cerrarnos al mundo. El mecanismo de conexión se despierta con las emociones y perdura con los sentimientos.

Las emociones son reacciones ante estímulos de diferente tipo, nos cuidan si nos vemos amenazados. Representan nuestro medio de preservación, no solo en la vida, también en nuestra identidad, con lo que somos como personas y lo que consideramos valioso. Las emociones y los sentimientos no son lo mismo. En mi consulta compruebo a diario que hay un poco de confusión entre las dos. Las emociones son una respuesta y los sentimientos son el significado que damos a una determinada emoción. La emoción es la reacción inicial, dura poco y es intensa. En cambio, el sentimiento perdura.

No es tan fácil gestionar nuestras reacciones. A veces no sabemos diferenciar cada emoción y las tomamos a todas por lo mismo. Como son fuertes e intensas, muchas veces preferimos ponernos corazas o usar mecanismos de defensa. En tales situaciones acabamos con a distanciándonos o poniendo un muro ante lo que nos pueda emocionar.

El exceso de actividades, estar siempre ocupados, las compras compulsivas, las reacciones impulsivas y desproporcionadas e incluso el alcohol o las drogas son formas con las que intentamos esconder lo que sentimos. Pero a largo plazo sentimos un malestar profundo porque nos hace daño, genera daño a otros y nos desconecta nosotros mismo y de la vida. Lo triste es que así es como barremos nuestra identidad bajo el tapete. No nos mostramos como realmente somos, sino que vivimos detrás de una máscara permanente para complacer, quedar bien, midiendo lo que decimos y hacemos, midiendo a los demás también con exigencias de perfección irreal e imposible. Nos vamos desconectando y comenzamos a necesitar sensaciones fuertes que nos indiquen que estamos vivos. Entonces nos volcamos a realizar actividades que nos suban la adrenalina, o escogemos actividades con las cuales nos obsesionamos y podemos convertirnos en adictos a diferentes cosas, desde lo saludable a lo sibarita o hacemos ejercicio de forma obsesiva. Nos volvemos esclavos de aquello que negamos.

Si nos desconectamos de nuestro ser, nos impedimos tomar decisiones acertadas y nos volvemos dependientes de los datos externos comprobables mientras enterramos nuestra intuición. No todo es comprobable, ni todo lo que los datos digan que es bueno lo es necesariamente para todos.

La intuición protege nuestra identidad, pero para eso necesitamos conocer nuestro cuerpo, sus reacciones, nuestras emociones. Nos queda mucho por aprender en este campo. Es positivo comenzar a sentir lo difícil de describir como una sensación en el estómago cuando algo no nos parece bueno, por ejemplo. O la tranquilidad general cuando vamos por buen camino o la piel de gallina cuando hay un peligro. Poco a poco podemos reconocer estas reacciones. Para notarlas es necesario parar, hacer pausas cuando tenemos que tomar alguna decisión y aprender a distinguir esas sensaciones.

Manejar nuestras emociones

Alfried Längle, psicoterapeuta alemán que trabaja desde el análisis existencial, nos muestra lo que él llama «método de posicionamiento personal», que no es más que la forma en que conectamos y nos comprometemos con el otro, con el entorno, con los valores que nos señalan el camino del sentido de vida[3]. Si te interesa este tema y el trabajo de Längle, te dejo su enlace en el pie de página.[4]

Podemos analizar su método para entender las emociones en tres partes:

1. Primero, nos dan perspectiva de nuestra situación. Nos ayudan a mirar cómo estamos de acuerdo con una situación determinada, a saber cómo experimentamos lo que sucede y a contrastar eso que sentimos con la realidad de lo que está pasando.

Las preguntas que nos hacemos en este momento serían:

a) ¿Esto es realmente así?

b) ¿Cómo lo experimento?

c) ¿Se alinea con mis valores y lo que quiero en la vida?

2. Segundo, nos ayudan a vernos desde lo que pensamos y lo que es importante para nosotros, cómo decidimos actuar y cómo nos responsabilizamos de las decisiones que tomamos.

Las preguntas que nos hacemos en este momento serían:

a) ¿Cómo me afecta esto que está pasando?

b) ¿Puedo soportarlo?

b) ¿Qué efectos tiene para mí?

---

3 Croquevielle, M y Traverso, G (2011). El análisis existencial de Alfried Längle: La conducta en una vida con aprobación y consentimiento. Citado en E. Martínez (ed.). Las psicoterapias existenciales (pp 119-136). Bogotá: Manual Moderno

4 Método de posicionamiento personal. Längle, Alfred. (2013) https://youtu.be/C3io2InBrhU

3. Y tercero, nos impulsan a mirar hacia delante, a ver nuestras posibilidades y a movernos hacia ellas con total libertad, siendo dueños de la decisión.

Las preguntas que nos hacemos en este momento serían:

a) ¿Qué pienso o qué siento ahora?

b) ¿Hacia dónde voy?

b) ¿Cuál es mi interés real en el tema?

¿Para qué nos sirve todo esto? Tiene mucha relación con lo que venimos tratando en este capítulo, es una guía para conectarnos con la vida.

La consecuencia inmediata es que gozamos más de la vida, somos más felices, estamos más alegres y tranquilos. En su libro *La auténtica felicidad,* Martin Seligman cita las conclusiones de Robert Emmons y Mike McCullough quienes son los psicólogos líderes americanos en la investigación sobre la gratitud y el perdón quienes realizaron un estudio en el que asignaron al azar a varias personas la tarea de llevar un diario personal durante dos semanas y que expresaran allí los sucesos por los que estaban agradecidos, las complicaciones que aparecieran, o sencillamente contaran sobre sus actividades. Concluyeron que el nivel de gratitud se puede medir y que la alegría, la felicidad y la satisfacción con la vida se dispararon dentro del grupo de sujetos agradecidos[5].

---

[5] Emmons, R. y McCullogh, M.: "Counting blessings versus burdens: An experimental investigation of gratitude and subjective wellbeing in daily life". (Inédito). Citado por Seligman, M. (2011) *La auténtica felicidad.* Barcelona. Ediciones B

Disfrutar y vivir plenamente

A continuación, me gustaría sugerirte algunos consejos para lograr experimentar la vida y disfrutarla.

1. Confiar en la intuición

Recuerdo el caso de J., una artista excepcional que por los retos de la vida y tener que responder por sus hijos se fue alejando de su ser creativo y creador. Había encontrado un trabajo que le satisfacía, pero solo en parte. Su trabajo tenía una relación directa con algo que le motivaba en la educación de mujeres. El sueldo de cada mes le daba la tranquilidad que necesitaba. Pero se alejaba de esa vena artística tan suya y que le permitía expresar sus convicciones más profundas. Llegó a mi consultaba porque sentía que su empleo no era su lugar. Empezamos a hacer ejercicios de agradecimiento de su talento. Poco a poco fue descubriendo aquello que en el pasado era como sus huellas de sentido. Recordó sus emociones cuando lanzaba una nueva exposición y lo que suscitaba el impacto de su obra. Volvió a pasear y caminar en plena naturaleza y mientras le surgían nuevas ideas para nuevas obras. Y al final decidió lanzarse hacia lo que su corazón le dictaba. Dejó su trabajo. Y así fue cómo creó una nueva serie de obras y con mucho éxito, para deleite de muchos de sus clientes que la echaban de menos. Es realmente feliz y así las cosas fluyen en la dirección que necesita.

Podemos volver a conectar con nuestra intuición, que es algo que, como el intelecto y el instinto, se encuentran en nuestro interior.

En la cultura occidental nos hemos dedicado a cultivar el intelecto, alimentar la mente racional y nos hemos desconectado un poco de la intuición, que es un conocimiento que no requiere el paso previo por lo racional, sino que es más sensitivo, emotivo y espiritual. El instinto, por otro lado, nos cuida y «apaga» lo racional y lo sensible; nos prepara para sobrevivir. Usamos la razón y al instinto para sobrevivir como especie y preservar nuestra identidad.

¿Cómo logramos conectar con nuestra intuición y confiar en ella? Pues la única forma es reaprendiendo a escucharnos, haciendo una pausa del mundo para hacernos conscientes de nuestras sensaciones corporales y dilucidar si eso que estamos sintiendo nos conduce a tomar una decisión más acertada que se corresponda con nuestra razón. No es un camino fácil en un mundo de certezas, ciencia y estadística. Darnos el espacio de meditar, de practicar el silencio, de trabajar en lo emocional y de hacer todo con consciencia e intención. Así será más probable que logremos tener lo que llamamos corazonadas, que no son más que momentos intuitivos.

2. Afinar los sentidos

Por los sentidos percibimos el mundo. Hacer uso de ellos conscientemente es la forma de ir conectando con todo. Utilizar nuestro olfato, gusto, vista, oído, tacto durante el día requiere que hagamos las cosas de manera intencionada, una a una. Por otro lado, el *multitasking* nos aleja de las sensaciones.

Te invito a realizar alguna de tus rutinas de forma diferente, poniendo tus cinco sentidos en ella. Por ejemplo, haz una de tus comidas sin ninguna otra distracción y a solas, concentrándote en lo que saboreas, en la forma de masticar y de tragar, en los olores, los colores y las texturas. Puedes escoger la actividad que gustes, pero pon atención en las sensaciones que tienes al cien por cien. Puedes empezar con una actividad cada día. Registra en tu mente cada sensación y poco a poco verás que irás afinando tus sentidos, es decir, irás experimentando cosas que nunca habías percibido.

Muchas veces pensamos que tenemos mala memoria y no nos acordamos de los nombres de las personas, de detalles en el paisaje cuando en realidad es solo cuestión de prestar atención. Por ejemplo, al hablar, si miramos a los ojos y centramos nuestra atención en la otra persona, en lo que nos dice, estaremos más conectados. Si callamos nuestros pensamientos y no estamos pensando a la vez en cosas como la lista de compra, recoger a los niños del colegio o la visita que tenemos que hacer, le dedicamos a cada cosa su tiempo y su espacio. De esa forma mejoraremos nuestra memoria y disfrutaremos más de la vida.

3. Gestionar las emociones

Gestionar implica contar con habilidades para tomar en cuenta las emociones y nuestras reacciones. Implica saber percibir lo que nos emociona, poder nombrar la emoción y lo que nos suscita física y mentalmente, entender por qué y usarlas correctamente, regular la reacción y tomar la decisión adecuada. Una vez más es imprescindible detenernos, respirar profundo y tomar nota de la emoción que estamos teniendo, es decir, hacerla consciente sin reaccionar ante ella de inmediato. En esos momentos podemos preguntarnos, por ejemplo: ¿qué nos da miedo? ¿qué nos enfurece? ¿qué nos hace sonreír? ¿por qué nos dan ganas de llorar? ¿qué nos produce ganas de bailar o de salir corriendo? Las emociones son pasajeras, suceden en cuestión de segundos, pero si les damos tiempo de asentarse, de encontrar su equilibrio, les daremos una perspectiva mayor. Podemos ser más objetivos si las contrastamos con la realidad. Y quizás comprobaremos que nada es tan grave, como suele suceder.

4. Cultivar una actitud de gratitud

La gratitud es la herramienta que nos ayuda a percibir el sentido de vida. Implica levantarnos cada día sabiendo que podría ser el último y agradecer la oportunidad de la vida, aunque sea por un instante. Es vivir aprovechando cada segundo para hacer algo valioso por los demás y por nosotros mismos. Es reconocer nuestras emociones y aceptarlas, porque son las que nos ayudan a percibir el sentido en nuestra vida. Es vivir al máximo, sabiendo que estar alegres, tristes, con rabia o con miedo es estar vivos. Es reconocer que incluso en el caos mañanero, por ejemplo, nos da la oportunidad de disfrutar de nuestros hijos, de nuestra pareja. ¡Donde hay vida hay desorden! También significa interiorizar que cada vez que saludamos a una persona o tenemos la oportunidad de hablar con alguien podemos hacer de esa ocasión un encuentro maravilloso de dos personas que comparten humanidad.

Muchas veces las cosas no van bien y nos desanimamos. Entonces, no encontramos la forma de ser agradecidos porque tenemos la sensación de que la vida nos cuestiona con sufrimientos y pérdidas que no logramos descifrar. Entonces, no logramos ver el propósito de lo que nos sucede, el para qué del dolor y de las penas. Así es difícil ser agradecidos. Pero si mantenemos una disposición del corazón abierta a la posibilidad, al aprendizaje, lograremos ver más allá del momento presente, como la luz al final del túnel. Por difícil que sea la situación, algo bueno saldrá de ella y, si logramos con paciencia sobrellevar la tormenta, los momentos de calma llegarán con nuevas oportunidades de desarrollo y crecimiento. La realidad es que, si la vida no nos cuestiona, no podremos evolucionar y crecer. En esos momentos pueden surgir grandes ideas, los momentos más significativos, los encuentros más profundos, las enseñanzas y todo lo valioso. Para ver todo esto en la cotidianeidad, te ayuda llevar el diario de gratitud que te mencioné en el inicio de esta primera parte del libro.

A. es ingeniero y empresario. Llegó a mi consulta porque es un hombre que sufre de ataques de ansiedad muy fuertes cuando piensa en la enfermedad y la muerte. Todo esto aumentó con la pandemia. Le sugerí empezar con una visita al médico para evaluar su salud. También procedimos con su diario de gratitud. Al principio contestó escéptico y que él necesitaba algo de «verdad» que le sirviera. El médico le mandó una gran batería de exámenes y una evaluación exhaustiva. Todos los resultados fueron positivos. A. se cuida mucho en su alimentación y lleva una vida saludable. Yo no tenía ninguna esperanza con el diario, la verdad, así que para la sesión siguiente preparé actividades «más tangibles y cuantitativas». Me sorprendió cuando 15 días después llegó con un cuaderno con casi cien anotaciones de cosas que agradecía. Me comentó que le ayudó darse cuenta de lo que sí tiene realmente en estos momentos, la cercanía de su esposa y de sus hijos, el apoyo de sus empleados en los momentos difíciles de la pandemia, las oportunidades de trabajo que entre todos generaban y que sostenía a tantas familias. Tomó consciencia de lo bien que se sentía físicamente, lo cual era una prueba de que no estaba enfermo. Poco a poco la ansiedad fue bajando. Seguimos adelante con ejercicios de respiración y sumamos actividades de meditación activa para facilitarle la quietud. También comenzó alguna que otra actividad más artística con mándalas y lo complementó con lecturas. Al final, podía manejar bastante bien sus miedos, darles un lugar adecuado mirando a su alrededor y tomando consciencia de personas y circunstancias valiosas de las que disfrutaba, aún en los momentos de dificultad.

 ## Para recordar

- Apreciar lo más sencillo y cotidiano: el clima, sentir frío o calor, un nuevo despertar, el café de la mañana… No dar nada por sentado, pues mañana podría no estar ahí.

- Enfrentar cada problema dando gracias por tenerlo, reconociendo que siempre traerá algo bueno y abriéndote a la posibilidad del aprendizaje, aunque sea difícil. Hacerlo nos hace preguntarnos el para qué y abrimos la puerta a las respuestas que necesitamos.

- Ver en cada persona que cruza nuestro camino un ser humano que aporta algo valioso a nuestra existencia. Agradece su presencia y trátalo con la importancia que podría tener, aunque no la conozcas.

- Usar los sentidos para poder percibir y conectar con la vida. Dedícate a todo con calma e intención, confía en tu intuición.

- Regular las emociones para reconocerlas y darles su lugar adecuado. Puedes tomar decisiones acertadas y no por impulso.

- Mantener un diario de gratitud. Es muy importante para lograr adoptar una actitud agradecida ante la vida y ante los demás. Anota aunque sea una sola cosa por la que estás agradecido cada día. ¡Al final te dará un total de 365! Y te permitirá sentirte muy agradecido. El diario es una buena forma de empezar.

- Cultivar el hábito de la actitud agradecida y ser conscientes de todo lo que recibimos. Así lograrás ayudarte a interiorizar y hacer tuyas cada una de estas cosas. Al principio sentirás este ejercicio como una mera formalidad, pero poco a poco se irá convirtiendo en una parte importante de ti.

MOMENTO DE REFLEXIÓN

En esta sección es importante que conectes con tus sentidos, con tus emociones y con tus sentimientos.

- ¿Qué pasaría si te das unos minutos para cerrar los ojos y tratar de escuchar diferentes sonidos, sentir el ambiente, tu respiración, distinguir algún olor? Escribe lo que te haya llamado la atención.

- Préstales atención a tus emociones. Te puede ayudar si cada día te propones reconocer cómo te estás sintiendo. Pregúntales a tus emociones porqué están ahí. Percibe qué sensación corporal te produce: lágrimas, risas, piel de gallina, etc. Puedes dar gracias a esa emoción por dejarse ver y por protegerte de una situación.

- ¿Qué haces cuando estás en silencio y tu cabeza no para ni un segundo? Un ejercicio que podría ayudarte es no luchar contra los pensamientos, ni darles rienda suelta si no reconocerlos y simplemente decirte: «ah estoy pensando esto…» No los juzgues, porque no importa si es bueno, malo, si debes atenderlo, es urgente. Y finalmente, déjalos pasar. También puedes imaginar un mueble lleno de cajones y guardarlos en el cajón marcado como «atender después» o en el que dice «puede esperar». Poco a poco verás que la mente se calma.

- ¿En qué detalles te fijas cuando conoces a alguien o cuando te encuentras con algún amigo en la calle? Recuerda su nombre, fíjate cómo está vestido, presta atención a su lenguaje corporal, el tono de su voz, lo que dice. Puedes hacer lo mismo con la naturaleza, el canto de los pájaros, las diferentes flores y sus colores. Toma fotos mentales o con el móvil o la cámara. ¡Maravíllate!

- A mí me parece muy importante acordarme de los nombres de las personas, entonces cuando me presentan a alguien, no solo estoy muy presente escuchando lo que dice, sino que relaciono su nombre con lo que hace. Por ejemplo, Juanita, la escritora. Carlos, el chofer. Amalia, la cantante. Esa es una técnica muy sencilla, pero muy eficaz para acordarme de cosas puntuales.

- ¿Qué o quién te hace sentirte agradecido el día de hoy?

PARTE 2:
HERRAMIENTAS PARA ENCONTRAR SENTIDO EN LO QUE ENTREGAMOS AL MUNDO

Las herramientas que vamos a desarrollar en los próximos capítulos son algunas que me han servido y han ayudado a mis clientes a ver el trabajo de manera diferente. No se trata solamente de una obligación laboral con la que ganamos dinero y alguna posición de poder, necesario también. ¿Cuántos de nosotros vamos cada día al trabajo apesadumbrados, con deseos de cambiar de vida, renegando, enfermos, sin ningún propósito más que el de ganar dinero para subsistir o para retirarnos lo más pronto posible? De una u otra forma, no disfrutamos de las horas diarias que le dedicamos a nuestra ocupación. Y esto constituye la mayor parte de nuestra vida. ¿Vale la pena vivir así? Trato el trabajo como un medio para lograr muchas más cosas, para dejar nuestra huella en el mundo y para hacer de ese mundo algo mucho mejor. Este acercamiento marca una gran diferencia que nos permite hacer las cosas con pasión, poniendo lo mejor de cada uno aunque no sea la ocupación de nuestros sueños. Así también nos ayudamos para no quedarnos donde no podemos desarrollar nuestros talentos. Podemos adoptar un estilo de vida consciente e intencional, que incluye no solo la forma de relacionarnos, sino la forma en que hacemos las cosas y la huella que dejamos en el mundo.

Siempre creí que ser exitosa significaba hacer mucho dinero y no depender de nadie para vivir y para hacer lo que yo quisiera. Ahora veo lo equivocada que estaba. Creía en el trabajo como una forma de ganar dinero e independencia personal. Pero me di cuenta que limitarlo a eso puede ser una fuente de sufrimiento e infelicidad. No podía ni tan siquiera imaginar que las labores del hogar pudieran ser lo que llamamos trabajo. Tampoco creía que podía llamar trabajo al arte o que pudiéramos estar entregando algo importante al mundo desde nuestros pasatiempos o con el estilo de vida que decidiéramos llevar. Había reducido el trabajo a lo laboral y para mí significaba que era una obligación. Y si lo era, mi lógica me dictaba que no tenía que ser algo que me gustara necesariamente. Así pasé la mayor parte de mi vida laboral, yendo por obligación al trabajo para demostrarme que podía hacerlo, pero no lo disfrutaba. De hecho era una carga muy pesada.

Trabajé muchos años en la empresa familiar y cada año estaba más saturada. Todo empezó por ese momento en que la carga ya se había insoportable. No ha sido un cambio de la noche a la mañana, he invertido mucho en cambiar mi rumbo y hoy en día hago lo que me gusta. También hay algunas cosas que no me gustan tanto, obviamente. Pero todo se alberga bajo el paraguas de una intención especial de encontrar propósito.

Me encantan los rituales para trabajar y conectar con lo que hay que hacer cada día. Por ejemplo, antes de empezar cada día, enciendo una vela que me dé su luz cálida y enciendo un difusor con aroma para un ambiente acogedor. Tengo un espacio de trabajo ordenado, con frases significativas que capten mi atención y me ayuden a centrarme. Coloco unas bonitas flores o una planta que de vida al espacio. No me ato a horarios muy estrictos, si me provoca un café o una aromática, pues está muy bien. Elijo no hacer las cosas por obligación y rechazo todo lo que me aleja de mi creatividad. También soy consciente de lo que es necesario y que no me gusta. Así que trato de encontrarles la utilidad, su para qué y centrarme en eso. Intento poner lo mejor de mí para que las cosas salgan lo mejor posible y sin estrés porque todo fluye más, es más productivo y le veo la importancia.

Me ayuda poner música suave o sonidos de la naturaleza, así favorezco el contacto con mis talentos y la creatividad para hacer las cosas de la mejor manera posible. Me inspira mucho ver cómo cada elemento de la naturaleza tiene su función y se dedica a ello sin pensarlo dos veces. Una vez más, las aves me rescatan y me enseñan mucho. Por ejemplo, el colibrí extrae la miel y poliniza las flores una y otra vez, los pájaros alimentan a sus crías yendo de un lado a otro y silbando. Siento que hay una actividad frenética todo el día que mantiene un equilibrio mayor.

Como seres humanos tenemos esa fuerza espiritual que nos lleva a querer encontrar ese sentido en lo que hacemos, lo que el doctor Viktor Frankl llamaba «la voluntad de sentido». Es el motivador más potente porque nace de nuestra convicción personal. Mientras todo nos impulsa a darnos cuenta de que estamos en este mundo para algo, cada uno de nosotros tiene una misión y hace parte de un Todo. Estamos llamados a ofrecer nuestros talentos al servicio del universo en cualquier momento de la vida y en todos los espacios en que nos movemos. Cumplir nuestros sueños y a la vez dejar nuestra impronta personal es hacer que la vida valga la pena. Por eso son tan importantes el amor y la pasión que ponemos en lo que hacemos para dedicar nuestro tiempo y esfuerzo a lo realmente importante y a hacernos cargo de lo que elegimos en una vida propia sin buscar dificultarnos el camino. Lo que cada uno hace es importante y es único. Tenemos una forma original de hacerlo todo, lo que nos convierte en irremplazables.

Llegó a mi consulta un joven de treinta dos años con un muy buen trabajo en el sector financiero, un excelente sueldo, con un horario extenuante y gran carga de estrés. No le gustaba su trabajo y había hecho todas sus cálculos para jubilarse a los cuarenta años y cada vez se esforzaba más en lograrlo. Un día se sintió enfermo, se vio obligado a hospitalizarse. Le diagnosticaron una enfermedad autoinmune, lupus. Su condición es bastante grave con lo que se ve obligado a tomar una determinación seria sobre su futuro. Su cuerpo y la vida le están pidiendo que se centre en él.

Fue necesario hacer un trabajo de mucha reflexión para que lograra soltar la idea de la jubilación temprana, la causa de que se sacrificara tanto hasta perder la salud. Había que abrir las puertas a las alternativas y sus posibilidades para que pudiera encontrar otras formas de usar sus talentos financieros sin dejar su vida en un trabajo por dinero. Descubrió que disfrutaba de las cuestiones financieras y que eso era el centro de su talento. También alcanzó a ver que todo lo relacionado con tema de la jubilación joven lo alejaba de sí mismo. Fue el detonador para que encontrara el verdadero sentido de su trabajo. Cambió de empresa, dejó de pensar en la jubilación y comenzó a disfrutar de la vida y el trabajo sin tanto estrés y cuidando su salud ante todo.

Algo que me encanta sugerir a mis clientes de *coaching*, es que tengan una gama amplia de pasatiempos de los que disfruten y que inclusive puedan llegar a convertirse en fuentes de ingresos cuando llegue el momento del retiro. Puede que nuestra pasión se encuentre en esos espacios. Pero no hace falta esperar tanto tiempo para descubrirla y ponerle pasión a lo que hacemos.

CAPÍTULO 4. PONERLE PASIÓN A LA VIDA

«Conoces lo que tu vocación pesa en ti. Y si la traicionas, es a ti a quien desfiguras; pero sabes que tu verdad se hará lentamente, porque es nacimiento de árbol y no hallazgo de una fórmula»

El principito, de Antoine de Saint–Exupéry

Trabajé mucho y lo disfruté poco. ¡No disfrutaba de lo que hacía!

Después de elegir una carrera que no me gustaba, trabajé durante quince años en la empresa familiar, inconforme y descontenta. Proyectaba la apariencia de una profesional fuerte e independiente, pero la realidad era bien diferente. Desde joven quería ser autónoma en lo económico y soñaba con ser una mujer de éxito, el camino natural era estudiar en la universidad.

No fue fácil decidir la carrera, ya que mi familia tenía unas expectativas diferentes a las mías. Al final estudié negocios porque me parecía útil y podría servir un poco para todo y especialmente para trabajar en la empresa de la familia.

No creo que a los 18 años sea necesario saber a qué nos vamos a dedicar el resto de la vida. Me resultó muy difícil aprobar las materias que tenían matemáticas y solo algunas asignaturas se ajustaban más a mi forma de ser, naturalmente me inclinaba hacia las humanidades. Después de batallar con los números, empezó mi vida laboral, una época en la que se mezclaron la maternidad, las dificultades familiares y ante todo un sentimiento de contradicción constante. Era una profesional que trabajaba en un lugar que no me gustaba, bajo la tutela familiar, haciendo cosas que no me atraían en lo más mínimo. Sé que mi situación no es tan diferente de la de muchas personas. Cada mañana era una tortura levantarme para ir a la oficina y contaba los minutos para salir de allí. No fluía la creatividad y todo era una rutina insoportable.

Después de muchos problemas en la empresa y de un traslado al exterior, volví decidida a cambiar. Dejé de trabajar para dedicarme a viajar con mis hijos que son deportistas a sus torneos. Me alejé del mundo laboral y fui feliz en mi misión de madre. Veía a mis hijos crecer mientras estaba alejada de problemas. Me olvidaba de los dolores de cabeza. Decidí que, si volvía a trabajar, sería en algo que realmente me gustara y que valiera realmente la pena. Estoy agradecida por haber tenido la suerte de poder elegir.

Tampoco es positivo olvidar que la maternidad exige un gran sacrificio a muchas mujeres. Cuando los hijos crecen un poco, retomar la vida laboral es demasiado complejo. Se interrumpe la experiencia laboral y se crea una dependencia económica que creo que nos pone en una posición de desventaja en el mercado y, al final, en mi caso, también se resintió más la relación de pareja. Mi autoestima cayó estrepitosamente porque me sentí más dependiente que nunca, pidiendo dinero hasta para las necesidades más básicas.

El resultado fue que me divorcié. Y luego decidí darle un vuelco a mi carrera. Empecé de nuevo, necesitaba reinventarme. Lo primero que hice fue estudiar en un máster de Ciencias de la Familia. Me fui encontrando con mis grandes pasiones de juventud como la filosofía y la literatura, también descubrí otras como la psicología, el desarrollo humano, la resiliencia y el sentido de vida.

A mis 43 años finalmente había elegido algo que me atraía profundamente, me emocionaba con cada lectura, con cada clase y veía posibilidades en todo lo que aprendía y aplicaba en mi propia vida. Estudié mucho y muchos años. Decidí no perder el tiempo en lo que no me llamara realmente la atención y armé mi nueva carrera con todas las piezas que podía disfrutar. Encontré poco a poco mi conexión con lo que me atraía y también con mis talentos.

Nos encontramos en una época en la cual se habla mucho de hacer lo que nos apasiona, dedicarnos a lo que nos gusta y hacerlo todo con pasión para lograr el éxito en la vida. Pero también es una época en la cual sufrimos estrés, somos perfeccionistas y competitivos y no disfrutamos de lo que hacemos durante diez o doce horas diarias. ¿Qué sentido tiene todo esto?

Al encontrar mi espacio en el mundo, me di cuenta de que amo la conexión con otras personas con quienes comparto intereses. Los espacios laborales donde podemos colaborar con compañeros de trabajo, hacer las cosas bien y juntos, no perfectas, porque nos complementamos entre todos nuestras fortalezas y debilidades. Y donde podemos ver la utilidad de lo que hacemos. Se refleja en el para qué me levanto cada día. También se muestra en el ser reconocida por lo que hago bien. Me consta que existen terribles espacios de trabajo donde algunos desean únicamente el brillo personal, que le buscan los errores al otro en un afán por hacerlo caer, llenos de egoísmos, falta de colaboración, chismorreos y envidias. Eso solo me dice lo difícil que es para un ser humano desarrollar todo su potencial en un ambiente hostil, donde nadie logra encontrar su espacio único ni su vocación.

Hacer que la vida valga la pena

¿Qué es más importante: encontrar lo que nos apasiona o ponerle pasión a lo que hacemos? Me he dado cuenta de que en un trecho de mi vida me desconecté de mí y mis talentos. Me dedicaba a percibir lo que me convenía. Por aquel entonces no tenía ni idea de que había otras formas de realizar el trabajo y que podía poner pasión a lo que no me apasionaba. Solo me centraba en lo malo, hacía lo que tocaba sin tomar decisiones. Y un día la vida me lo pidió a gritos. ¿No te ha pasado que empiezas a tener problemas, uno tras otro, hasta que por fin haces caso? Eso fue lo que me sucedió.

Tenemos la libertad de escoger la actitud con la que queremos pasar nuestros días laborales. Poner lo mejor de nosotros es hacer las cosas con amor y tomar decisiones de hacer algo diferente. Esto implica ver nuestro trabajo como un medio para conseguir lo que queremos y como una manera de contribuir a la humanidad. Podemos hacerlo de la mejor forma posible. No significa que tengamos que aguantar ciertas cuestiones insoportables ni que olvidemos poner límites o denunciemos conductas que atenten contra nuestra integridad emocional o física. Se trata de tener la mejor actitud posible ante la imposibilidad de escoger un trabajo u ocupación diferente y poner siempre lo mejor de nosotros, básicamente, por nosotros mismos. Nos abrimos nuevos espacios. Así es como podemos crear las condiciones para empezar a hacer algo diferente.

Lo que nos apasiona o ponerle pasión a lo que hacemos, esa es la cuestión.

Me gusta contar una anécdota que tuve con un señor que barría la calle frente a mi casa. Nos veíamos cada día, era parte de mi vida. Fue uno de esos días después de una tormenta. Lo saludé y le comenté sobre la gran cantidad de basura y hojas que se habían acumulado durante la noche. Aproveché para confesarle sobre la falta de conciencia de la gente que tira basura en la calle, cómo se tapan los drenajes y un largo etcétera. En el fondo quería disculparme por la cantidad de trabajo que le tocaba a él ese día.

Él me respondió que no me preocupara, que se trataba de su función como barrendero. Y más aún, que su trabajo servía no solo para que los desagües no se tapen, sino para que la ciudad se vea siempre bonita y limpia y todos puedan disfrutar. Me sorprendió su respuesta. También me di cuenta de que se trataba de una persona que era capaz de ver el bien que hace más allá de barrer una calle. Esa es la tarea que todos tenemos.

En el polo opuesto nos encontramos con situaciones mecánicas. Por ejemplo, cuando en la recepción de una empresa nos recibe alguien que no nos mira a los ojos y que nos habla desde un libreto predeterminado. Todo cambia si nos recibe alguien con una sonrisa, que nos trata con amabilidad, que nos da indicaciones precisas y está atento a lo que necesitamos. ¡Nos puede cambiar el día!

Tengo la suerte de trabajar en lo que me gusta, pero no todo es agradable ni todos los días estoy con la mejor disposición. Cuando soy consciente de que depende de mí hacer mi día un poco mejor, puedo darme oportunidades. Por ejemplo, puedo hacer algunos rituales que me ayudan con el ánimo, tener frases motivadoras frente a mí, darme un espacio de relajación antes de empezar, elegir un aroma que me ayude a alegrar, poner música inspiradora.

Pienso también en la persona que llega a mi consulta y cómo quiero que sea su experiencia. Ofrezco una manta, bebida caliente e incluso chimenea, si el clima está para eso. También puedo estar en mi casa, haciendo las labores del hogar, me pongo música, bailo y me recuerdo una intención especial en la estética y el bienestar que genera todo lo que hago en mi día a día.

¿Podemos encontrar sentido en cualquier actividad?

Trabajamos para vivir. También lo hacemos para obtener una recompensa económica, obviamente. Pero reducir todo el tema laboral a la remuneración, le quita el sentido a lo que entrega el ser humano para ser y trascender, lo que tanto necesitamos. Todo lo que hacemos, cualquier ocupación, pasatiempo o trabajo pueden ser fuente del sentido de vida si se cumplen con algunas características importantes, las DIPOS:

Dignidad

Impulso

Pertenencia

Organización

Satisfacción

Vamos a desarrollarlo a continuación:

- **Dignidad**. No va en contra de lo que somos como seres humanos, ni en contra de nuestros valores personales ni de la vida.

- **Impulso**. Nos empuja a desarrollar nuestras capacidades o las de los demás.

- **Pertenencia**. Nos ayuda a mejorar la calidad de vida, a darnos un sentido de pertenencia a la comunidad y una identidad personal que nos lleve a entregar lo mejor.

- **Organización**. No es necesario ponerle rótulos ni condiciones si lo que entregamos nos da plenitud, puede ser inclasificable.

- **Satisfacción**. Nos llena por dentro, nos da sentido y un norte que nos permite levantarnos cada día con optimismo, con ganas de realizar la tarea y hacerla bien.

¿Qué es más importante, tener éxito o dejar huella? Intenta contestarte esta compleja pregunta.

No hay una única respuesta. Depende de la idea que cada uno tenga de estos conceptos. Para algunos, la verdadera definición de éxito es tener un salario suficiente para vivir con lo que le es necesario y tener tiempo para disfrutar con sus seres queridos. Para otros, lo decisivo es tener un trabajo que le permita viajar por el mundo. Hay tantas respuestas como criterios. Tener la libertad de expresar toda su creatividad, ayudar a una comunidad sin que importe nada más son solamente algunas de las muchas opciones que cada uno puede considerar importante.

Abrazaremos la felicidad y el éxito, como quiera que lo entendamos, si le ponemos pasión a lo que hagamos. ¿Y qué es la pasión? Es lo que nos mueve internamente, es la forma como hacemos las cosas, el empeño que ponemos y el amor que le inyectamos a lo cotidiano. Permite que el sentido de lo que hacemos se vaya revelando. Cuando sabemos que nos mueve algo valioso para nosotros podemos reconocer nuestra convicción interior y es ella la que nos va llevando por el buen camino. Es importante estar atentos a algo crucial y que marca la diferencia: no buscamos la felicidad y el éxito únicamente.

Esa es una persecución que nos conduce a lo que se nos escapa. Llegan naturalmente cuando hacemos cosas de acuerdo con lo que somos, lo que sentimos y lo que queremos.

En el campo laboral, uno de los grandes estudiosos de este tema del sentido es Alexandros Pattakos, creador de Meaningology® The study of Meaning in Life and work. En su libro *Prisioneros de nuestros pensamientos* nos expone su método que bautiza como «The OPA way» para aplicar en las empresas y lograr que los colaboradores conecten con su sentido vital. OPA es el acrónimo de las iniciales de otros, propósito y actitud. Para esto son necesarias las conexiones significativas con los otros, tener un propósito alineado con los valores personales y afrontar la vida con buena actitud. Quien destaca en este campo y uno de los mayores estudiosos en el tema del sentido de vida laboral es el Dr. Efrén Martínez Ortiz. Él desarrolló junto con su equipo de colaboradores un instrumento para medir el sentido de vida de las personas en el trabajo, denominado «Escala de sentido de vida laboral».

A mi consulta llegó C. A., un ejecutivo de alto cargo en una multinacional, que trabajaba más de 14 horas diarias y tenía que viajar constantemente. Se perdía de todas las actividades familiares y su esposa se lo reclamaba todo el tiempo. Él se sentía poco comprendido porque consideraba que su trabajo permitía a su familia tener lo que deseaban y eso era más que suficiente. Al llegar la pandemia, la esposa y los hijos se fueron a la casa de campo de forma permanente y él se quedó en la ciudad solo y trabajando el doble. Pero empezó a sentir esa soledad como un peso difícil de soportar. No podía relajarse y menos aún ante tantas amenazas de la situación económica mundial. Esto pasó mucho en las altas esferas empresariales.

En las sesiones nos dedicamos a encontrar muchos valores adicionales al trabajo y otras actividades donde pudiera sentirse a gusto. También realizamos muchos ejercicios de conexión con su familia y algunos amigos que había perdido a causa de sus jornadas extenuantes. Pudo ver cómo llenaba su vacío interior con el trabajo. E incluso más allá, también trabajaba para mantener su calidad de vida y el éxito. Estaba atrapado dentro de un círculo vicioso que lo agotaba, literalmente. Fue encontrando otros espacios significativos que necesitaba y a los que había quitado importancia como, por ejemplo, una actividad de voluntariado ayudando a sembrar pequeños huertos en escuelas pobres de la ciudad, construir modelos de carros antiguos que siempre había querido hacer. Volvió a conectar con su familia cuyo apoyo fue clave para que lograran juntos salir adelante.

El trabajo como obligación se convierte en pesadilla, es una carga pesada. Aunque seamos altos ejecutivos exitosos, cuando el único valor es el dinero, llega la rutina, la obligación de mantener el estatus, el vacío existencial y el síndrome de estrés con sus consecuencias para la salud física y mental. Pero cuando nuestro trabajo es un medio para dejar huella y realizamos esa labor de una forma que nos hace únicos, entonces trascendemos hacia objetivos y bienes mayores que abarcan una remuneración, un bien a la organización, a los compañeros, a nuestra familia y a la comunidad.

Recuerdo un día agitado. Llamé un taxi, como era hora pico, no había muchas alternativas, así que me subí al primero que llegó y pronto estaba arrepintiéndome de mi decisión. Había un muy fuerte olor a cigarrillo y desaseo general. El hombre había empezado mal su día y vociferaba ante el tráfico como un loco. Gritaba, insultaba a los otros conductores, manejaba muy peligrosamente. Yo ponía mi mano sobre el corazón invocando a mi ángel de la guarda para que nos protegiera de un accidente. Al bajarme, casi no me dio tiempo de cerrar la puerta cuando desapareció a toda velocidad. Quiso la casualidad que el mismo día en otro taxi que tomé de vuelta a mi casa y también hora pico, me recibió un hombre muy amable y bien arreglado con el vehículo impecable, me saludó con una sonrisa, me invitó a ponerme cómoda porque el tránsito estaba recargado y me indicó que nos demoraríamos. Puso música suave, condujo con cuidado y yo llegué a mi casa relajada. ¡Qué gran diferencia!

Un trabajo bien realizado no solo es fuente de sentido sino un servicio que cambia el mundo, aunque no lo veamos a simple vista. Todos encontramos dificultades y celebramos muchos aciertos. Es importante reconocer nuestra humanidad compartida y complementarnos de manera que nuestro trabajo no sea una carga más, sino un espacio que promueva nuestros talentos y nos dé la oportunidad de trascender, es decir, de dejar huella en el mundo. Mediante un trabajo con sentido, encontramos un sentido en la vida.

Algunas recomendaciones para encontrar sentido en nuestra ocupación diaria:

- Dar gracias por nuestro trabajo cada día y revisar qué es lo que lo hace importante, qué es lo valioso de esa labor para nosotros, para la empresa, para nuestra familia y para nuestra comunidad en general.

- Hacerlo lo mejor posible, poniendo en nuestro quehacer diario eso que nos distingue de los demás. Nuestra alegría, nuestra reflexión, nuestra meticulosidad, nuestra amabilidad, nuestro verdadero interés por el bienestar del otro… Y hacer de esa labor algo único y especial.

- Tener objetivos claros en nuestra vida personal, nuestra vida laboral y al interior de la organización. Pocos, pero claros. Y trabajar por conseguirlos. Cada uno es el único responsable de sus logros. Si nos quedamos culpando a los demás, solo nos desgastamos, nos desmotivamos y no alcanzamos nuestras metas.

- Tratar de ser coherentes en nuestra vida, procurar que nuestros objetivos personales estén alineados con los del sitio en el que laboramos. Si están en sentido opuesto, necesitamos la meta se convierta en un cambio de empresa. Somos coherentes para poder encontrar el sentido en un proyecto vital. Si tenemos unos valores y trabajamos en sentido opuesto, nos agotamos.

- Invertir tiempo en conocer nuestros valores, vislumbrarnos en el futuro como persona y como miembro de una organización, es decir, tener claridad existencial.

- Ser en comunidad. No podemos hacer nada solos. Necesitamos de los demás para lograr nuestros propósitos. Es bueno ver al otro como un ser humano que comete errores, al igual que nosotros. Reconocer las debilidades, así como las fortalezas de todos nos lleva a complementarnos, unir fuerzas y cooperar.

- Respetar y dar a los demás el valor que merecen hace que todos nos proyectemos y logremos más de lo que podríamos esperar.

- Sentir miedo a perder nos confronta con lo que es realmente valioso. Si no tenemos seguridad sobre quiénes somos ni para dónde vamos, necesitaremos controlar todo lo que sucede a nuestro alrededor, incluso a las personas con quienes trabajamos. Tememos que algo salga mal, que nos responsabilicen, que se dañe nuestra imagen, que pasen encima de nosotros. Cuando el miedo es excesivo, nos paralizamos, no hacemos ni dejamos hacer. Actuar desde el miedo es no actuar. Entonces es necesario hacerse buenas preguntas como, por ejemplo, ¿qué parte de nuestra identidad tememos perder y por qué?, ¿necesito ser alguien que no soy?, ¿cómo puedo ser más auténtico?

Abrirnos, adaptarnos, ser flexibles. Cada una de esas acciones lleva a la otra porque están muy conectadas. Si no estamos seguros de lo nuestro, será muy difícil dejar ser a los otros y perderemos las grandes ventajas que trae la cooperación en los equipos de trabajo.

Para recordar

- El trabajo y, en general, nuestras actividades y aficiones son valores de creación, nuestro aporte a la vida, son medios para encontrar el sentido de la vida mientras entregamos nuestros talentos únicos y originales al mundo de la mejor manera posible, apasionadamente y con amor por la tarea realizada.

- Para que nuestro trabajo tenga sentido, necesitamos que esté alineado con nuestros valores y principios, que nos otorgue coherencia, que nos permita sentirnos plenos, que nos impulse a lograr nuestro proyecto de vida y que nos ayude a trascendernos gracias a que tomamos consciencia del bien que generamos en la comunidad o en otras personas.

Momento de reflexión

Estas preguntas te ayudarán a encontrar las respuestas que buscas. No te juzgues, solo contesta muy honestamente y ya estarás dando un primer gran paso para ver lo que necesitas.

- ¿Cuál es tu primer pensamiento el lunes en la mañana al levantarte y prepararte para ir a trabajar? ¿Cuál es tu actitud ante la semana que comienza, cómo la vives?

- ¿Qué sientes físicamente cuando piensas en las actividades que harás durante el día?

- ¿Cómo te proyectas en tu lugar de trabajo? ¿Te ves a futuro desarrollándote como persona, como profesional, satisfecho y con ilusión?

- ¿Tienes alternativas para dedicar tus horas del día? ¿Estás cultivando algún *hobby*? ¿Estás aprendiendo algo nuevo? ¿Tienes tiempo para el entretenimiento, los amigos y la familia?

- ¿Tienes un propósito laboral, familiar, social incluidos en tu plan de vida? ¿Qué entregas al mundo?

- ¿Haces lo que te apasiona? ¿Le pones pasión a lo que haces?

- ¿Crees que has elegido la vida que llevas? ¿O crees que eres víctima de las circunstancias? ¿Qué acciones concretas podrías realizar para cambiar tu situación?

CAPÍTULO 5. VIAJAR LIGERO

«El precio de algo es la cantidad de vida que intercambias
por eso»
Desobediencia civil, de Henry David Thoreau

Quiero una vida simple, sin complicaciones, natural. Anhelo
quitar todo lo que me estorba, tener comunicaciones fluidas,
cocinar platos sencillos, vestir cómoda. ¡Adiós a los tacones!
Recuerdo mis habilidades para viajar en bus a la universidad
con falda y unos tacones enormes que me encantaba ponerme.
Hoy en día no sé cómo lograba aguantarlos durante todo el
día, caminando y subiendo y bajando escaleras sin parar.
Ahora no logro ni siquiera un par de horas con unos la mitad
de altos.

Compraba mucho, en tantas ocasiones ni tan siquiera escuchando mis gustos, ropa por moda, juguetes para mis hijos,
horas en el salón de belleza cada semana. Luego miro a mi

perro Jack y su vida sencilla y sin complicaciones, lo envidio. Sé que no somos comparables, pero se me viene a la cabeza su mirada cuando era hora de comer, como si tuviera un reloj interno, se levantaba en punto y me llamaba la atención con su pata. Igual para salir a pasear o para jugar. Sin más, como todo en la naturaleza que hace lo que tiene que hacer sin pensarlo mucho, sin miles de opciones entre las cuales elegir. Una realidad en la que cada cosa es lo que es. Fácil.

Con el tiempo he aprendido a elegir mejor todo lo que tengo y adquiero. Me gusta evaluar todo lo que entra a mi casa, el propósito al que sirve y como va a durar en el tiempo, es decir, después de que ya no tenga uso para mí, me preocupo de cómo se va a disponer de ese objeto en la vida de mis nietos y los hijos de sus hijos. Me intereso por si algo será contaminante para el ambiente o si puede servir a otra persona.

Exactamente lo mismo pasa con lo que entra en mi mente, lo que veo y lo que leo. Siempre tengo en cuenta qué me hace pensar y qué emociones me produce. Por ejemplo, cuando veo películas violentas o leo novela negra, que es mi género favorito, me doy cuenta del estrés que me generan. No me privo de ellas, pero trato de ser consciente de los cambios corporales y emocionales que experimento y luego intento compensar con un poco de calma, meditación o cualquier práctica que limpie mi estado y mi energía.

Ser deliberada y desprenderme de cosas, de las apariencias y tratar de vivir con la menor cantidad de complicaciones me ha ayudado a conectar con lo importante, lo que es valioso para mí. Así me ayudo a dejar de lado todo lo que me aleja y me distrae de llevar a cabo mi proyecto de vida.

Hoy en día estamos en el centro del huracán constantemente: hay demasiada oferta y estamos influenciados por la publicidad y la moda, tenemos miles de actividades sociales, queremos pertenecer a todos los grupos y no perdernos de nada, la información está a un clic de distancia, nos inundan las noticias, datos y productos. Tenemos cientos de referentes externos cuyas opiniones llegan fácil y al instante, influenciadores en diversos campos, a quienes les creemos sin cuestionar. Es difícil disfrutar de la vida con tantas distracciones. La velocidad de la vida es vertiginosa, el tiempo no alcanza y el dinero tampoco, pero hay más facilidades de crédito, con lo cual el acceso al dinero es instantáneo y vivimos endeudados, comprando cosas que almacenamos y no utilizamos. ¿A dónde nos va a llevar todo esto? Estamos acabando con el planeta y con nuestra humanidad. Necesitamos ritmo en nuestra vida, a veces vamos rápido, a veces necesitamos más tiempo y vamos más lentos.

En 1986 surgió un movimiento que quería cambiar esta rapidez desaforada. Se llamó *Slow* o «lento». Todo empezó cuando abrieron un McDonald's en la Plaza de España de Roma, Italia. El local se ubicó en la famosa plaza donde era costumbre sentarse a la mesa, pedir la comida preparada al minuto, sin afanes, disfrutando de la buena charla con los amigos. El periodista Carlo Petrini decidió tomar partido y escribió un artículo en el que reivindicaba el ritmo natural de la vida. Efectivamente, lo llamó *Slow*, como reacción al sistema ultrarrápido. Consideraba que se estaban traspasando los límites de lo aceptable y predijo los peligros que se cernían sobre los hábitos alimentarios de los europeos al imitar a los americanos.

Carl Honoré es el autor de uno de mis libros preferidos: *Elogio de la lentitud*. Promueve un ritmo sosegado hasta en las actividades más cotidianas del ser humano, es uno de los teóricos de este movimiento mundial. Para este periodista canadiense con residencia en Londres, una vida rápida es una vida superficial, de ahí que la lentitud no tenga nada que ver con la ineficacia, sino con el equilibrio. Y cuando hablamos de vivir ligeros no podemos dejar de lado la tendencia mundial al minimalismo, que promueve tener menos cosas materiales para dejar espacio a lo importante. Para mí, es un estilo que abarca todas las áreas de la vida.

Simplificar para encontrar la plenitud

Simplificar implica conocernos y poder responder a la pregunta «¿quién soy?» No siempre es fácil. Nos ayuda a contestarnos en muchas facetas de la vida y a tener nuestros valores claros, definir qué es lo importante, establecer cuáles son los objetivos personales y saber hacia dónde vamos.

Estamos acostumbrados a estar insatisfechos. Está socialmente bien visto. Y, es más, incluso se alaba ese sentimiento de insatisfacción como un efecto motivador para alcanzar más, ser ambicioso y cumplir metas. Así que siempre queremos más: un mejor salario, una casa más grande, un coche más nuevo, viajes más llamativos, más títulos y más etc. No es intrínsecamente malo querer superarnos. Pero si buscamos donde no nos conviene como personas y siempre queremos más, si no tenemos un tope, si centramos nuestra felicidad en responder a las exigencias sociales que al final no nos dan ninguna satisfacción real y duradera, terminamos apegados a las cosas y a las personas para poder llenar vacíos interiores. No necesitamos de nada ni de nadie para ser felices. Necesitamos repasar nuestra definición de felicidad y lo que es la plenitud en la vida para cada uno de nosotros. Es más sencillo de lo que suponemos. Y ya lo hicimos en el capítulo anterior con la definición de éxito.

Continuemos para contestarnos sobre qué es para nosotros la felicidad. Si nos centramos más en lograr un estado interior de paz, de tranquilidad y sentirnos completos, sin pensar en las convenciones sociales ni en las económicas, podremos encontrar el sentido de vida en lo que está ahí para nosotros, en las relaciones personales y en las experiencias. Y luego podremos tomar mejores decisiones, en el día a día, y actuar priorizando entre lo necesario, lo urgente y lo importante.

Hay cosas que nos empujan a sacrificar actividades que son importantes. Lo importante como, por ejemplo, una cita con nuestra pareja, un rato de soledad y meditación, jugar con los niños o leerles un cuento antes de dormir, son actividades que muchas veces sacrificamos. En cambio, lo urgente nos demanda y son las tareas de la oficina, la vida social, incluso nuestros deseos compulsivos de comprar, tener o hacer cosas y sobresalir. Lo urgente nos reclama con mucha prisa. Pero a veces, por el ritmo de la vida, colocamos en la categoría de urgente cosas que, en realidad, no lo son. Y lo necesario marca todo lo que necesitamos para vivir, también es una categoría en la que mezclamos diferentes cosas. Es necesario alimentarnos bien para tener energía y vivir, no es necesario tener el último modelo de lo que sea.

Yo he sido la primera en acumular cosas innecesarias a lo largo de mi vida. Siempre fui una persona muy ordenada, pero cuando tomé la decisión de vivir una vida más simple, hace ya muchos años, me di cuenta de que le había asignado un valor sentimental a muchas cosas, personas y actividades, que estaba apegada a ellas más que a las memorias que representaban. El ejercicio para desprenderme de ellas me ayudó a ser determinada y a prestar atención a lo que conservaba y a lo que dejaba ir en cada área de mi vida. Mi mayor apego son los libros. Han sido mis compañeros en los momentos más difíciles de mi vida. Por eso me cuesta tanto trabajo desprenderme de ellos. Cada vez que dejo uno, es como si una parte de mí me abandonara. Esta área de mi vida representa un trabajo constante. Y poco a poco me es más fácil soltarlos al saber que esas letras también pueden acompañar y alentar a otras personas tanto como a mí.

Simplificar va mucho más allá de ser conscientes de lo que entra a nuestros espacios vitales. Es tomar decisiones sobre cómo utilizamos nuestros recursos, cómo empleamos el tiempo y el dinero, cómo ayudamos al planeta, qué tipo de productos compramos y en qué condiciones han sido elaborados. Y es mucho más: cómo manejamos nuestras cuentas y nuestro patrimonio, cómo dejamos organizadas las cosas cuando nos llegue el tiempo de partir de esta vida terrena, cómo nos relacionamos con el caos mental que nos producen los pensamientos desordenados y recurrentes, cómo ponemos límites sanos allí donde son necesarios, cómo simplificamos las relaciones.

Observemos juntos las áreas en las que podemos simplificarnos y aquellas que necesitamos complementar:

Relaciones personales

- **Tener cientos de amigos.** No se trata de tener cientos de amigos sino de cultivar aquellos que son verdaderos. Hoy en día no tenemos tiempo para reunirnos con quienes sí nos importa. No es estar físicamente unidos todo el tiempo, sino que cada vez que nos veamos o nos comuniquemos sea por medio de una escucha profunda, un interés genuino por el bienestar del otro, una presencia real de corazón que haga sentir el amor, la compañía y el apoyo. El resto es ruido que nos complica la vida.

- **Perder ocasiones.** El miedo a perdernos de algo, una urgencia a la que nos estamos haciendo adictos. Saberlo todo de todos, estar en todas partes presencial o virtualmente no nos aporta nada. Es superficial, nos quita tiempo, no es real ni verdadero. Estar en todo no significa tener una vida social rica ni tener buenas relaciones personales. Estar intencionalmente con lo que se alinee con nuestros propósitos es clave para tener relaciones más significativas.

- **Establecer límites.** Trabajar para mejorar las relaciones tóxicas que nos enganchan a las personas y nos complican la vida. Son demandantes, llenas de queja, chismes, exigencias y chantaje emocional. Son una carga de la cual hay que liberarse, aunque sean relaciones cercanas de pareja, padres, hijos adultos, mejores amigos, etc. Es crucial tener en cuenta que liberarse no significa cortar ni abandonar, sino trabajar para que la relación mejore, expresando claramente nuestras necesidades y poniendo límites. Nos da miedo y vergüenza expresarnos con honestidad, por eso aguantamos situaciones y palabras que nos hieren y dañan. Nos arrastramos en el falso respeto y con prudencia. Aunque parezca duro, hablar claro a pesar de las reacciones malsanas del otro, es lo que nos permitirá ser más libres y tener relaciones personales significativas.

- **Habitar nuestro espacio.** Las relaciones de familia pueden ser desgastantes y es necesario respetar tanto los espacios para cada uno y los momentos de silencio como los horarios de colaboración doméstica. Poder hablar tranquilamente y poder ser genuinos es clave para las buenas relaciones. Es primordial no engancharnos emocionalmente a salvar a otros cuando algo o alguien no se encuentra bien.

- **Decir que no.** Aprender a decir que no, aunque esto nos haga sentir culpables, es de gran importancia. Saber decir que no tanto a nuestros padres como a nuestra pareja es tan necesario como saber poner límites a nuestro jefe controlador que vigila hasta lo más pequeño que hacemos. Lo mismo es válido para aquel compañero de trabajo que pasa por momentos difíciles y se queja mucho. Y también decir que no a nuestros hermanos, que a veces pueden herirnos donde más nos duele y sacan lo peor de nosotros. Las situaciones que nos piden que digamos un no claro son numerosísimas. Es difícil poner nuestros objetivos como prioridad y dar justa atención a los otros, que también son importantes. Cuando sabemos ser claros y ponemos límites sanos estamos enviando el mensaje de que somos personas serias, que nos comprometemos cuando realmente podemos hacer algo y por eso pueden contar con nosotros. Aprender a decir que no es una de las habilidades que nos hacen ser personas de confianza y nos ayudan a validar nuestras necesidades y simplificar nuestra vida.

- **Obligarnos.** No «toca» hacer nada ni asistir a comidas o invitaciones que nos quiten la paz interior. Cuantas más relaciones significativas logremos establecer, más felices seremos. Nos beneficia mucho encontrar un equilibrio en todo lo que sea realmente importante para nosotros.

Comunicación y tecnología

En este mundo informático pareciera que la tecnología contribuye a que nuestra vida sea más fácil y nuestras comunicaciones más inmediatas. Pero si no hay un equilibrio, la vida se nos complica y perdemos el norte.

- **Desconectarnos.** Ser capaces de apagar el celular o el computador en los momentos que debemos hacerlo. Nos llenamos tanto de datos que perdemos el contacto con nuestro presente y nuestra realidad. Muchas veces dejamos de ser objetivos y tomamos todo como verdadero, sin darnos el tiempo de discernir. Desconectarnos para conectar con nosotros mismos un rato en el día nos ayuda al silencio interior para escuchar lo importante y ver con más claridad lo que necesitamos.

- **Tener conexiones reales y no solo virtuales.** Para mí ha sido especialmente difícil alejarme de la excusa de la tecnología para comunicarme, pues soy una persona muy tímida, por lo que la comunicación virtual llegó a resolver muchos de mis problemas de evitación. Fácilmente puedo pasar horas con mi celular y enviar a todos un mensaje de texto o un correo electrónico en lugar de realizar una llamada y hablar personalmente. Creo que es cuestión de equilibrar las cosas. Todo exceso es dañino y particularmente la comunicación digital nos aleja de la intimidad de las relaciones personales, del cariño que se expresa con palabras, en tonos diferentes, gestos, abrazos y miradas. Estamos más conectados y a la vez más solos que nunca.

- **Conservar la identidad.** La información sobre nuestros amigos en redes es parcial y se nos complica la vida cuando nos comparamos con ellos, lo peor de nuestras vidas, con lo mejor de las de los otros. Queremos demostrar e impresionar y nos volvemos dependientes de la validación. Así perdemos nuestra identidad.

- **Cuidar nuestras palabras.** Si pensamos antes de hablar, cometemos menos errores. También es necesario cuidar la forma en que escribimos los mensajes de texto, darle importancia a decir de forma clara lo que queremos, deseamos, necesitamos. Recordemos que los textos no expresan las emociones: podemos interpretar equivocadamente, así que, ante la duda, es preferible preguntar directamente antes de juzgar. La voz contiene tonos, existe el lenguaje corporal y todo es comunicación no verbal que un texto no puede expresar.

Percepción y uso del tiempo

Se trata de hacer un uso eficaz de nuestro tiempo, dedicándolo únicamente a las cosas que importan.

- **Valorar el tiempo.** Ser selectivos y no asistir a reuniones con personas que no nos interesan o no nos aportan. No a la «reunionitis» en la oficina, no a perder el tiempo en el quinto cafecito, no a la impuntualidad. El tiempo perdido no vuelve.

- **Comprometernos.** Nos comprometemos constantemente a hacer cosas que nada tienen que ver con nuestros objetivos y hacemos esto solo por quedar bien. Somos los dueños de nuestro tiempo y si lo cuidamos, tenemos en cuenta que es un recurso no renovable. Su pérdida o uso siempre son personales.

- **Perder el tiempo.** Lo perdemos cuando no hay un propósito claro, por ejemplo, cuando navegamos en las redes sociales durante horas, cuando cambiamos de canales en la tele. Si pudiéramos registrar y contabilizar la forma en que usamos nuestro tiempo, también nos podremos dar cuenta de que desperdiciamos demasiado.

- **Invertir el tiempo.** Somos tiempo y espacio en esta vida terrenal. Nos enriquece dedicarnos a lo que es valioso para nosotros, para nuestro cuidado personal, para el aprendizaje, para nuestros hijos, para el ocio, para la diversión, para la creatividad, para los hobbies. Tiempo es justamente lo que tenemos para entregar a los demás. Decir que «no tengo tiempo» es afirmar que no estamos presentes. Cuando hacemos algo realmente valioso parece que el tiempo no pasara. La labor no es pesada y nos queda la sensación de que hemos utilizado el tiempo adecuadamente. Podemos ayudarnos a que esa sensación esté más presente en nuestra vida.

Posesión y orden de las cosas

- **Tener lo necesario.** Ampliamos nuestros espacios cuando nos centramos en lo que poseemos. Tener lo que necesitamos y usamos realmente, deshacernos de todo lo que no sirva a nuestros propósitos, hacer un consumo deliberado de alimentos, suscripciones, objetos, de lo que vemos, lo que oímos, así como de actualización de la tecnología que usamos.

- **Tener espacio.** Es tener espacios para el alma, limpios y libres de cosas que nos distraigan y que nos quiten tiempo al tener que estar limpiando, manteniendo y cuidando. No se trata de no tener nada, sino de ser conscientes del alma de las cosas, es decir, a qué propósito sirve cada objeto y cómo va a ser usado en el tiempo más allá de nosotros. Este es un concepto muy bonito que desarrolla Thomas Moore en su libro *El cuidado del alma,* que te recomiendo especialmente porque puede aportarte una mirada profunda y ayudarte mucho en este camino de recuperar el sentido de la vida. Podemos hacernos preguntas como: Al dejar de servir a nuestro proyecto, ¿va a causar daño al mundo?, ¿podrá ser usado por alguien más?, ¿va a ser olvidado hasta que se dañe sin ningún objetivo?, ¿causará felicidad o placer a alguien? Al contestarnos, descubriremos que en muchas ocasiones encontrar una vida significativa requiere deshacerse de cosas costosas, de buena calidad, de moda, admiradas. Todo por un bien mayor. ¿Cuál es ese bien mayor?

Pensamientos y caos interior

- **Sentir el silencio.** El silencio nos permite mirar en nuestro interior, vernos y evaluarnos, conocernos y saber hacia dónde vamos. Nos ayuda a ver al otro en nuestra humanidad compartida y nos vincula con el entorno conectándonos. La reflexión, la oración, la meditación y la respiración consciente nos permiten acallar nuestros pensamientos y el ruido exterior para eliminar el caos interior que muchas veces nos domina.

- **Cambiar los criterios.** Cambiar nuestra relación con los pensamientos para no identificarnos con ellos ni darles rienda suelta cuando desencadenan emociones impulsivas. Redireccionar los pensamientos hacia lo positivo o retrasarlos a otro día y, mientras, visualizar lo que podemos hacer. Por ejemplo, ante una noticia terrible, nos concentramos en las cosas buenas de nuestra vida, si nos dijeran que sufrimos de cáncer, podríamos decirnos: «Por ahora me siento saludable, he sido feliz, puedo estar libre de cáncer hasta que llegue un diagnóstico y entonces miraremos qué hacer», «tengo muchos y buenos amigos», «hasta ahora he tenido una familia feliz», etc. Este ejercicio es muy poderoso, nos permite ser conscientes de lo que estamos pensando en cada momento, y nos permite poner los pensamientos bajo control.

- **Escribir en un diario.** Poner en papel el pensamiento hace que la mente se libere de él. A veces no pensamos con lógica, sino que nuestros pensamientos se convierten en una espiral donde todo se conecta, así desatamos respuestas físicas, de angustia, como dolor en la boca del estómago, sudoración, taquicardia, hiperventilación, insomnio, aletargamiento. La escritura actúa como un mecanismo de descarga y alivio.

- **Ocuparse y preocuparse.** Preocuparnos es permitirle a nuestra mente estar en piloto automático, es igual que dejarla sin control, lo que nos lleva a pensar en lo más terrible, desastroso, y actuar como si esto fuera una realidad verdadera. Ocuparnos de las cosas en el momento en que sea necesario es una mejor alternativa. Al final, el 99% de lo que nos preocupa nunca llega a suceder.

- **Anclarse al presente.** La incertidumbre o pensamientos a futuro, los recuerdos o pensamientos del pasado, las expectativas o ideas de perfección, son grandes generadores de miedo, esa emoción que, cuando se sale de control, en lugar de protegernos, nos paraliza. El miedo al futuro incierto, a perder dinero y esfuerzo; el miedo a fracasar, que nos lleva a no intentar. De esa forma ni siquiera sabemos qué pasó realmente y eso es lo peor.

- **Aprender de los errores.** El error es fuente de aprendizaje y si fracasamos una vez, tendremos el doble de oportunidades de tener éxito. Así que el fracaso en realidad es una oportunidad que nos impulsa a seguir adelante. El problema es que cuando estamos estancados por miedo a fracasar, repetimos patrones de pensamiento que debemos vencer, pues se convierten en pensamientos recurrentes sobre los posibles obstáculos que podríamos encontrar. Así damos vueltas sobre lo mismo, como un pez que se muerde la cola.

- **Dejar ir el pasado.** Mirar hacia atrás y la añoranza nos complican la vida. Simplificar nuestros recuerdos, tratar de dejar el pasado atrás y mirar exactamente dónde estamos hoy. Al repetirnos frases como «si hubiera sido esto, o lo otro», «si hubiera hecho tal o cual» no llegamos a ninguna parte. Es mucho mejor para nosotros enfocarnos en lo que aprendimos a través de nuestra experiencia. A partir de esa mirada, podremos utilizar ese pasado como trampolín y no como sofá. Respiramos hondo y aceptamos que hicimos lo que pudimos con lo que teníamos en esos momentos. Así adquirimos la experiencia que tenemos hoy.

- **Desechar la perfección.** Somos imperfectos y eso nos permite mejorar cada día. La perfección no existe y la ilusión de la perfección crea ambientes irreales, estresantes, competitivos y deshonestos. El temor al fracaso nos hace sentir insuficientes, incapaces, y baja nuestra autoestima, nos causa angustia, depresión y nos quedamos estancados. Si aceptamos que no somos perfectos, bajamos a nuestra carga de autoexigencia y dejamos de esperar imposibles de los otros.

Regular nuestra impulsividad

Hay personas para las que un día lluvioso no significa nada, hay otras para quienes es una oportunidad de hidratar y ver crecer a la naturaleza, y hay otras para quienes significa una verdadera tragedia, su ánimo decae, se sienten enfermos de frío, lo ven todo negro. Un mismo hecho puede ser disparador de muchas situaciones. Por todo esto es importante tener en cuenta algunas acciones. Todo esto nos ayuda a vivir en el presente de forma consciente y auténtica.

- **Observar las emociones.** Toma su tiempo, pero es importante reconocerlas, identificarlas y no permitir que se desbaraten por un impulso.

- **Emitir juicios.** Identifica cuando colocas respuestas en boca de otros y les juzgas por sus actos sin conocer sus motivos. Sería mejor ponernos en sus zapatos y comprender. Requiere más tiempo, pero te aportará sentido.

- **Abrazar rencores.** Si desarrollamos la compasión para entender los actos de los otros sin juzgarlos, perdonamos a otros y a nosotros mismos por nuestros errores. Así puede florecer la paz interior.

- **Alejarse.** Tomar distancia para ver objetivamente y poder discernir si es válido lo que sucede. Nos ayudará preguntarnos qué tan real es lo que estamos experimentando y contestarnos: ¿Es pura percepción personal?, ¿obedece a un juicio o crítica que me tocó una fibra sensible?, ¿aún siento rencor o resentimiento y debo trabajar en ello?

Bienestar y cuidado personal

Seremos mejores personas, mejores padres, mejores amigos, si cuidamos nuestro bienestar emocional, físico y mental. Estar bien nosotros para poder estar bien con otros.

- Hagamos presencia en nuestra propia vida, encargándonos de nuestros asuntos, gestionando nuestras emociones, amando nuestras imperfecciones, reconociendo nuestros errores.

- Necesitamos darnos permisos, ante un mundo tan perfeccionista y competitivo. No está mal sentirse mal y darse un tiempo para cuidarse. No está mal sentirse perdido para poderse encontrar nuevamente.

- Es necesario lograr encontrar el camino propio para dejar de complacer a todos. Eso nos roba la alegría de vivir. Pero hay que esforzarse en conocerse y vivir la propia vida.

- Alguien siempre nos va a necesitar: los padres, los hijos, la pareja, los compañeros de trabajo y amigos. Es una realidad, pero sin cuidarnos primero a nosotros en la parte física, la salud mental, nos será muy difícil ayudar a los demás. Volver a nuestro centro, a la propia paz interior nos hará mejores para los otros.

A mi consulta llegan personas con muchas cargas no solo de trabajo sino familiares y personales. Recuerdo a L. M., mamá de tres chiquitines adoptados y muy deseados, que se convirtieron en la felicidad del hogar. Los niños crecieron y con el tiempo, L. M. se dio cuenta de que su matrimonio se estaba desintegrando. Se sentía muy infeliz. Solo quería irse y volver a su país natal. Ella se había dedicado a los niños con una gran dedicación, pero básicamente estaba agotada entre su negocio y la casa. Cuando por fin se ven al final de un día, su marido le dijo que estaba gorda y algo hace clic en su cabeza. Se preguntó por cómo volver a la esencia, a sus años de cuidado mutuo con un proyecto de vida juntos y además poder equilibrar el éxito laboral con una vida llena de compromisos y poder compartir tiempo de calidad.

Empezamos por evaluar cada una de las áreas en las que se desempeñaba L. M., su negocio que cada día crecía más y las tareas ya no se reducían a la mañana, sino que durante toda la tarde estaba conectada resolviendo asuntos. Luego, las clases extracurriculares de los niños que al ser tres, eran variadas y en diferentes puntos de la ciudad. Mas adelante evaluamos su vida en general, su cuidado personal. Ya no tenía tiempo ni de cocinar de forma organizada, ni por supuesto de hacer ejercicio. Vivía en constante estrés y eso se veía reflejado en su aumento de peso y el cansancio generalizado que hacía que en la noche no tuviera ánimos de nada. Poco a poco fue eligiendo las actividades más acordes con su sistema de valores, nos dedicamos a que viera qué quería para ella, para su familia, para su relación. Descubrió muchas cosas que al final no eran verdaderamente importantes, organizó su agenda y se dedicó más tiempo a sí misma. Llegó la pandemia y fue un buen momento para retirarse a una finca en las afueras donde pudo conectar de otra forma con su esposo y trabajar en todo lo que había que poner en práctica para encauzar su vida. Sobra decir que ahora ella se siente mucho más tranquila y equilibrada.

Podemos tomar la vida en nuestras manos. Para ese viaje, necesitamos:

- Tener una brújula interior, que son los valores y nuestra intuición. Así sabremos dónde está el Norte y hacia dónde dirigirnos.

- Reducir las distracciones materiales y mundanas para lograr caminar ligeros y llegar a la meta sin tantas cargas.

- Fortalecer nuestras buenas convicciones para no desviarnos de nuestro camino. Nos permiten que no caigamos en la tentación de perseguir lo que no nos pertenece, lo que es de otros.

- Fortalecer nuestras buenas convicciones para no desviarnos de nuestro camino. Nos permiten que no caigamos en la tentación de perseguir lo que no nos pertenece, lo que es de otros.

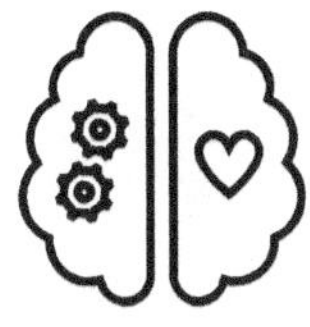 ### Para recordar

- Una vida simple es una vida más significativa.

- No todo es contra nosotros y, al final, nada es tan grave como imaginamos; un poco de humor siempre nos ayuda a aligerar las cargas.

- Las posesiones materiales nos quitan espacio para lo importante.

- Estar siempre ocupados está de moda, pero nos aleja de conectar con la belleza de la vida.

- Nuestras comunicaciones deben ser claras y respetuosas para no complicarnos la vida.

- Usemos la tecnología como medio no como adicción.

- Al final, la clave para simplificar la vida es hacer todo con la intención consciente de conectar con nuestros valores y cumplir con nuestras metas; esto es lo que llamamos una vida coherente y significativa.

Momento de reflexión

La idea es que te hagas consciente de la forma en que vives, en qué inviertes tu tiempo, gastas tu dinero y te relacionas con los demás y si ves que hay algo que te está robando lo importante, pues empezar a trabajar en ello. El sentido de vida es conexión con lo valioso.

- ¿Qué sientes que te complica la vida?

- ¿Cómo son tus reacciones ante la crítica y las exigencias de los demás? ¿Qué detona esta reacción?

- ¿Qué es lo que te impide desconectarte un rato de las redes, a qué le temes?

- ¿Qué tantas horas dedicas a las redes sociales, a ver televisión, películas y series? ¿Cuántas a lo que es importante para ti?

CAPÍTULO 6. ABRAZAR UNA CAUSA Y TRASCENDER

«Quien solo vive para sí, muere para el otro»
Valores y logoterapia, de Carlos Díaz Hernández

¿Qué huella quiero dejar en el mundo? Esa era una pregunta que me parecía elevadísima cuando empecé en este camino del autoconocimiento y la conciencia. No era fácil de responder porque no tenía clara mi misión en el mundo ni mi vocación profesional. La resolvía observando a mis hijos y diciéndome que ellos eran mi legado. Ser mamá y educar a mis hijos como buenos seres humanos que sirvan al mundo era mi huella en el universo. Pero pensándolo mejor, ¿realmente ellos son todo mi legado? ¿Eso no sería pensar que ellos no son personas por sí mismas sino una encarnación mejorada de sus padres?

Durante una tarde lluviosa en la que me puse a reflexionar sobre esto, llegué a la conclusión de que mis hijos no eran mi huella, al menos no la única. Ellos son independientes, únicos e irrepetibles. Me di cuenta de que necesitaba definir otra huella propia para entregar al universo. Acudieron a mí los recuerdos de mis lecturas, los aprendizajes de tantos cursos y mucho más. Llegué a la conclusión de que tenía mucho que dar. Podía sumar mis propias experiencias de vida formativas, los errores que he cometido y lo que al final me ha ayudado a encontrar el sentido. Todo eso era importante y podía compartirlo con otros. Vi con más mi misión personal.

A mi consulta llegan muchas personas diciendo que no saben lo que quieren, que no tienen claro para qué están aquí. A mí me pasaba exactamente lo mismo. La respuesta está en la vida misma. Para verla basta con hacer nuevamente una pausa en la agitada cotidianidad para darnos cuenta de lo hacemos y cómo sirve al Todo.

Personalmente, me realizo cuando me entrego en lo que soy, puedo compartirlo y sentirme útil. Me siento alegre al hablar sobre el sentido de vida y algunas estrategias que me han servido para encontrarlo. Se me olvida un poco mi timidez extrema y por un rato me siento segura de mí misma, conversadora, todo es más fácil. Estoy en mi salsa o lo que el psicólogo húngaro americano Mihály Csikszentmihályi llama estado de flujo, cuando encontramos nuestro óptimo rendimiento en lo que hacemos. Y cuando descubrimos eso que nos atrae, nos comprometemos de corazón y nos entregamos a la tarea desde la convicción personal. Sucede lo opuesto cuando alguien se compromete con alguna causa, pero la deja como su última prioridad, cuando dedicamos tan solo el tiempo que nos sobra de otras cosas que consideramos realmente importantes. Esto puede suceder con una relación amorosa, un voluntariado o una amistad. Y así es cuando los motivos para elegir esa opción responden a algo diferente a los valores personales. Fijémonos en la naturaleza como ejemplo de simpleza en la forma de hacer las cosas, dando lo mejor de sí y sin escatimar esfuerzos. ¿Acaso un pajarito deja sus mejores cantos para después? O si miras con detenimiento a tu mascota, ¿alguna vez se guarda la alegría que te muestra al llegar, o los mimos que te ofrece cuando te *arrunchas* en el sofá?

Si estamos demasiado pendientes de nuestros asuntos no será fácil conectar con la vida. Nos vamos encerrando en un ciclo de autoindulgencia y de aislamiento que no nos permite ver al otro ni ver a nuestro alrededor. Podemos llegar a encerrarnos tanto que el resto del mundo desaparece. O llegamos a compadecernos tanto que nos victimizamos, nos sentimos apabullados por las circunstancias y nos hundimos en nuestras propias quejas y, aun así, seguimos siendo el centro de todo. Se cierra todo y no crecemos, nos detenemos en el tiempo.

Es posible salir de ese círculo vicioso que nos limita a ver solo para adentro. Podemos ver nuestro entorno y lo que el otro necesita, así como entender lo que cada uno de nosotros puede entregar desde su experiencia personal, desde sus conocimientos, desde sus recursos, es decir, trascender. Nos abrimos, crecemos, el intercambio nos revitaliza.

Podemos abrazar causas para comprometernos con algo o alguien que necesita lo que nosotros tenemos. Así no solo entregamos nuestra vivencia a favor de otra persona que está pasando por algo similar a lo que estamos viviendo, también nos trascendemos y nos volvemos valiosos para otros. Podemos dejar una huella y que nos recuerden las personas con quienes hemos compartido experiencias. Esa impronta se queda marcada en la creación, más allá de nuestro paso por la Tierra. Para algunas personas, su forma de trascender es la defensa del medio ambiente o de los animales, otras personas son felices cuando pertenecen a un grupo espiritual y otras cuando dedican su tiempo a un voluntariado, para otras es compartir su experiencia de éxito o la de sufrimiento y que sirva de inspiración a alguien pasando por algo similar. Qué bonito compartir lo que somos con los demás. Como decía Viktor Frankl parafraseado por Efrén Martínez en su libro *Coaching Existencial:* «Verdaderamente la autotrascendencia es la esencia de la existencia humana».

La autotrascendencia es un recurso específicamente humano, una forma de responder a la vida. Nos permite salirnos de nosotros mismos de manera intencional para encontrarnos con otros, afectarnos mutuamente, causarnos un impacto emocional y entregarnos en una acción comprometida de cualquier índole. La autotrascendencia nos permite que un sufrimiento inevitable, un aprendizaje de años o un talento personal se convierta en una fuente de sentido de vida. Este tipo de acción depende de decisiones concretas y nos damos la oportunidad de convertirnos en protagonistas de nuestra propia película. Así nos abrimos a posibilidades futuras.

Consejos para vivir una vida trascendente:

Claridad en la misión existencial

No es tan difícil como creemos en muchas ocasiones. Lo descubrimos cuando sentimos gusto en algo que hacemos. Ese gusto no es casual, proviene de lo que somos de verdad. Así se nos marca el camino para encontrar nuestra misión. Además, suceden más cosas: intuimos una dirección, el lugar al que queremos ir porque es importante y refleja la luz de nuestros valores. Esa luz puede ser muy tenue, pero está presente. Y a veces puede cegarnos o incomodarnos porque nos hemos estado fijando en otras cuestiones, aquellas que iluminan una serie de personas, circunstancias y creencias impuestas.

Hay una pregunta que es crucial: ¿para qué estamos aquí? No tiene una respuesta mágica ni inmediata. La vamos encontrando a medida que vamos viviendo, en nuestras acciones y en la entrega de lo que somos, de nuestros talentos, de nuestros pensamientos y de las experiencias buenas y no tan buenas. Por ejemplo, al formar una familia, vamos construyendo nuestra misión como parte de la pareja, como padres y guías de los hijos, en nuestro trabajo y en lo que hacemos cada día, en la forma en que vamos entregando nuestros talentos, eso para lo que somos buenos, que se nos facilita y nos encanta hacer, o como miembros de un equipo, como líderes. Cuando abrazamos nuestra causa y la trascendemos, estamos poniendo nuestra misión en acción.

Cada uno de nosotros tiene una misión propia, no sirve de nada compararse con los demás. Muchas veces la palabra misión podría llevarnos a pensar que es algo que nos viene dado por alguien como nuestros padres, un jefe o un ser superior, pero la realidad es que vamos construyendo la misión existencial paso a paso. Y no se trata de pasos aleatorios, es un trabajo de conciencia personal y deliberado.

No se descubre la misión en la vida ni su sentido de una sola vez. Nos ayuda mucho preguntarnos de tanto en tanto, cuáles son nuestros valores en un momento concreto de la vida. Y volver a las preguntas: ¿quién soy aquí y ahora?, ¿quién quiero ser en un futuro cercano?, ¿en dónde me encuentro en este proceso?, ¿qué me falta para lograrlo?

Después de esta indagación personal, nos detenemos para ver el bien que hacemos, dónde, cómo y a quién impactamos, la huella que dejamos.

Y para esto puede ser útil la forma en cómo tomamos nuestras decisiones importantes. Una herramienta que a mí me encanta y que es también una habilidad de vida es tomar decisiones con sentido: podemos contrastar las opciones que tenemos, no más de tres o cuatro y comparar sus pros y sus contras para ver cuál es la más valiosa, la que más nos atrae y la que más bien hace a nosotros mismos, a otros, al medio ambiente, a la comunidad en general.

Estar confrontándonos, desde nuestras vivencias, es lo que nos ayuda a crecer y madurar.

Dejar de pensar tanto en qué vinimos a hacer o cuál es nuestra pasión y «hacer lo ordinario de manera extraordinaria» como decía la Madre Teresa de Calcuta.

Descubrir una necesidad que podamos ayudar a subsanar

A partir de lo que somos y lo que vivimos, de la misión que vamos realizando, podemos ayudar a otros a realizar su propia misión y viceversa. Por eso es importante salir al encuentro de los otros, salir del lugar donde habitamos y darnos cuenta de que nuestras vivencias sirven más allá de nosotros mismos.

¿Qué hacemos con nuestras experiencias, sean gratificantes o retadoras? En el entregar, recibimos. Esto no se reduce a encontrar un voluntariado para ayudar a las personas con menos posibilidades económicas. Hay muchas formas de lograrlo. Por ejemplo, podemos servir de apoyo en un área espiritual con oración y meditación. O en el área intelectual, entregando nuestros aprendizajes y experiencias. También podemos compartir un cambio de actitud frente a la vida y volvernos más empáticos con otros. También podemos escuchar mejor desde nuestra experiencia con el dolor, la enfermedad y la muerte con quienes están pasando por lo mismo.

C. llegó a mi consulta porque padecía cáncer de seno en estado avanzado. El tratamiento funcionaba bien, pero a un alto precio de innumerables malestares. C. es muy joven, no tiene hijos. Tiene de una relación de pareja muy positiva. El mayor impacto para ella ha sido enfrentarse a la posibilidad de la muerte. Trabajamos precisamente sobre la muerte y sus diferentes aspectos. También surgió el tema de lo que significa el tratamiento en una etapa productiva de la vida, la pérdida del pelo, de la identidad femenina y la gran cantidad de cuestiones con las que debe lidiar durante la enfermedad sin más referencia que los consejos médicos, que se quedan cortos y muchas veces son impersonales.

Poco a poco, C. comienza a darse cuenta de que su experiencia personal puede ayudar a otras mujeres que están pasando por lo mismo y termina tomando la decisión de crear un programa integral donde se aconseja a las mujeres que son diagnosticadas con cáncer de seno. C. quiere tratar los múltiples aspectos de la enfermedad: desde los temas de identidad personal hasta la belleza, la forma de lidiar con las ausencias laborales y las dificultades económicas hasta proporcionar acompañamiento psicológico y de *coaching* para las mujeres afectadas y sus familiares. Esto se convierte en su razón de vida. Afortunadamente C. ahora goza de buena salud y se ha entregado por completo a elevar la confianza de muchísimas mujeres con esta enfermedad.

Actuar con compromiso y dedicación

Cuando encontramos una causa valiosa, nos entregamos a ella de lleno. Eso es el compromiso y la dedicación verdaderos. Implica hacer las cosas lo mejor que podamos, buscando siempre el bien. Aflora cuando sacamos adelante un proyecto, incluso en los momentos en los que no estamos tan bien y no nos apetece. Viene de una decisión personal libre e íntima que nos lleva a la acción dedicada, y a veces, a pesar de las dificultades. La mejor medicina para conectar con nuestro valor interior es la entrega. Ese valor surge de lo profundo del ser humano y se muestra en nuestras emociones. Así podemos intuir el sentido. Y a cambio, nos exige una respuesta afirmativa que incluye a todo el ser.

Ser conscientes de la huella que dejamos en el mundo

La forma en que vivimos y cómo interactuamos con lo que nos rodea siempre deja una huella. Podemos ser luz, paz y fuente de vida. La misión existencial, el sentido de vida, la felicidad, son como las mariposas que intentamos atrapar y se nos escapan. Pero si nos quedamos quietos, se posan en nuestro hombro. Así que una pausa siempre será la mejor forma de conectar con la vida. Cada uno va realizando una misión que le es única y especial para el Universo. Impactamos con lo que hacemos y lo que dejamos de hacer, por lo que es importante vivir con intención deliberada. Trascender es ir más allá de nosotros mismos y ser algo para alguien, dejar huella en el mundo y afectar nuestro entorno de manera consciente.

Diariamente provocamos muchos impactos:

- **Impacto ambiental.** Si estamos atentos a la basura que producimos, la contaminación que generamos y cómo disponemos de las cosas que tiramos, podemos tomar otros caminos como, por ejemplo, reutilizar y reformar. También podemos usar lo indispensable con respeto por la naturaleza y los animales. Cuando no caemos en manos del consumismo desaforado y damos un buen uso a las cosas que realmente necesitamos, multiplicamos nuestra huella en el mundo.

- **Impacto económico.** Todo lo que acumulamos podría estar sirviendo a otros. Podemos vivir con menos, ser más conscientes de los gastos y más justos con el uso de nuestro dinero. Podemos hacer que nuestro dinero sea fuente de desarrollo para todos, es una decisión personal, porque somos cada uno de nosotros quienes decidimos cómo usar los recursos y cómo impactamos.

- **Impacto social.** Podemos ser fuente de promoción o estancamiento para otros. En nuestra familia se da algo de forma natural y es que siempre queremos lo mejor para nuestros hijos. Queremos que tengan la mejor educación y las mejores oportunidades. ¿Qué pasaría si lo extrapolamos a nuestra comunidad? Quizás podemos integrar a todas las personas que cruzan nuestro camino de vida, nuestro trabajo, nuestro barrio, nuestra ciudad, nuestro país, etc. Tomamos parte en las decisiones sociales y políticas. Podemos hacernos cargo de los bienes comunes, ser responsables con nuestros impuestos, denunciar a los corruptos. Nuestra huella se decide al contribuir en que todos seamos mejores y tengamos una mejor calidad de vida. A veces nuestra huella es un granito de arena muy poderoso.

Cuando G. llega a mi consulta por primera vez, está muy deprimida. Hace tiempo que apenas sale de su casa, a causa de sus miedos. Su psiquiatra le ha sugerido que haga un trabajo complementario conmigo para encontrar nuevas herramientas y sentirse más útil. Aunque ha tenido terapia durante mucho tiempo, no ha sido capaz de asomarse a la puerta y siente que es una carga para su familia que tiene que velar por sus necesidades básicas. Después de apenas unas pocas sesiones, empezamos un proyecto de recolección de memorias familiares. G. organiza un cronograma y se dedica a recolectar fotografías e historias llamando a diferentes miembros por teléfono. Aunque no se ha atrevido a salir, está realmente feliz por la acogida de su proyecto entre los familiares. Se siente útil nuevamente y querida, todos la llaman interesados y comparten con ella sus recuerdos. Así logramos encontrar cómo trascender su experiencia de vida, a pesar de sus miedos y sufrimientos y hacer algo útil y significativo.

Para recordar

- Trascendernos implica conocernos, amarnos y saber en dónde estamos, qué queremos y para dónde vamos. Así podremos entregar lo mejor de nosotros a alguien o a algo que se convierta en nuestra causa.

- Comprometernos y dejar huella es el recuerdo de lo que hemos sido para otros y para el universo.

Algunos consejos para vivir una vida trascendente:
- Tener claridad en la misión existencial.

- Descubrir una necesidad que podamos ayudar a subsanar.

- Actuar con compromiso y dedicación.

- Ser conscientes de la huella que dejamos en el mundo (impacto social, ambiental, económico).

MOMENTO DE REFLEXIÓN

Con estas preguntas te invito a pensar en la huella que quieres dejar en el mundo, cómo quieres ser recordado.

- ¿Cómo podrías hacer que esa dificultad, sufrimiento o experiencias retadora por la que estés atravesando, se convierta en fuente de inspiración para alguien?

- ¿Cuál es el talento que te identifica y de qué manera puede servir a otros?

- ¿Qué acciones puedes empezar a implementar hoy para ayudar al medio ambiente?

- ¿Cómo puedes contribuir a hacer de tu comunidad (conjunto, barrio, colegio, etc...) algo mejor para todos?

- ¿Qué acciones concretas puedes emprender para hacerte hoy un día más amable, más amoroso y valioso?

CAPÍTULO 7. VIVIR UNA VIDA AUTÉNTICA

¡Aquí está el meollo del asunto del sentido de vida!

Vivimos en un mundo de masas, de hiperconectividad y de consumo que nos pone más difícil ser auténticos. Durante mi vida confundí el término «autenticidad» con firmeza de carácter, en primer lugar. Y luego, con independencia y franqueza. Me dividí internamente mientras vivía según los cánones de otros. Y así fue hasta que llegó un momento transformador que aún hoy recuerdo vívido. Tenía cuarenta años y estaba en una encrucijada múltiple a todos los niveles profesionales, de pareja y económica. Y sentía un nudo en el estómago, literalmente. Puro pánico. Ya no había escapatoria, aunque me costara, sabía que necesitaba un cambio profundo y enfrentarme a mis miedos cara a cara. Decidí darle un giro a mi vida y empezar a conectar con mi esencia, con lo que yo era realmente y lo que quería. Mis nuevos horizontes me dibujaban empezar una nueva carrera, quedarme sola, empezar a ver por mí misma y por mis hijos. El nudo apretaba y solo se soltaría si yo asumía lo que todo eso implicaba. Fueron muchos años de trabajo personal. ¡Y sigo desarrollándome! El aprendizaje es continuo para conectar con lo que queremos de verdad.

Empecé a cuestionarlo todo y a quedarme con lo que realmente resonaba conmigo, dejé de tenerle miedo a las emociones y a sus sensaciones, empecé a disfrutar de lo que afloraba en mi piel y en mi cuerpo, comencé a tomarme tiempo para cada cosa y al fin pude dar pasos para conocerme. Ha sido así y a tal punto que hoy en día me encanta detenerme a sentir. Ahora sé, por ejemplo, que la alegría es como una sensación de electricidad y energía en todo mi cuerpo hasta provocarme carcajadas. Ya no le tengo miedo a llorar, sé que las lágrimas lavan mi alma y me dejan con una sensación de liviandad. Me encanta haber soltado ese escudo con el que aparentaba fortaleza. Ya soy capaz de mostrarme a los demás y sentirme cercana. Todos los seres humanos sentimos lo mismo. Eso me ha dado una gran sensación de libertad. Ya no me importa hablar de mi realidad, porque sé que eso es ser humana. De hecho, ahora me molestan mucho las apariencias, las vidas perfectas, los hijos perfectos, las parejas perfectas. Me gustan las personas con los ojos abiertos frente a la corrupción, los sufrimientos de otros y que abrazan las diferencias. El nudo me abrió la puerta a vivir una vida diferente y empezar a tomar decisiones y acciones alineadas con mis valores. Así he logrado una vida más auténtica. Obviamente, cometo errores, pero ya no aparento ser alguien que no soy. Precisamente de eso trata la autenticidad, de hacernos cargo de nuestra vulnerabilidad, de nuestra vida imperfecta para poder ir mejorando cada día.

Si aceptamos que no somos humanos todopoderosos, nos permitimos exponernos a la mirada de los demás, a sus críticas y su descalificación, pero también sabemos con quién contamos en realidad. Cuando tengo que aceptar que algo no salió como esperaba, que alguno de mis hijos ha cometido algún error, que mi matrimonio no era perfecto o que tengo dificultades económicas, intento disminuir la ansiedad antes de afrontar la mirada de los demás y me ayuda salir a caminar para aclarar la mente. Prefiero hacerlo por un sendero natural o en algún lugar donde haya árboles, pájaros y el ruido del agua que calma y me recuerda que todo pasa.

Creo que vivir una vida auténtica es una de las herramientas más importantes para encontrar el sentido en nuestra vida. Desafortunadamente, también es una de las más difíciles de aplicar, porque requiere que hagamos frente a tradiciones y creencias arraigadas e implica salirse del molde esperado.

A veces confundimos autenticidad con dar nuestra opinión sincera y sin filtros, también con una persona que se atreve a exhibir un estilo propio al vestir o vive de forma inusual. Efectivamente, es todo eso, pero va mucho más allá.

No se encierra en el espacio del comportamiento, también es la decisión interior de apropiarnos de quienes somos, conocer nuestra personalidad y la forma en que afecta a otros, saber cuáles son nuestras fortalezas y retos, hacernos dueños de lo que pensamos, creemos, hacemos y de los errores que cometemos. Somos auténticos cuando nos mostrarnos al mundo y asumimos las consecuencias dolorosas o gloriosas de hacerlo. Ya no somos parte de la mayoría ni somos comparables. Somos auténticos por el simple hecho de que cada uno es un universo.

Somos únicos e irrepetibles ya que nuestra personalidad está formada por todo lo que heredamos biológicamente de nuestros padres y también por lo que vamos adquiriendo de nuestro entorno, de las relaciones, situaciones y vivencias. La personalidad es lo que mostramos a los demás o lo que vemos de los otros. Efrén Martínez la desarrolla en su libro *¿Esclavos de la personalidad?* y nos dice que «nuestra manera de ser en el mundo y al mismo tiempo, de relacionarnos con él», nos permite ser auténticos. Es decir, añadimos un tercer elemento a lo heredado y lo vivido que depende, precisamente, de lo que decidimos. Además, defiende que podemos usar nuestra libertad para oponernos a la personalidad y dominar nuestras reacciones, ya que siempre podemos ver y experimentar el mundo de una forma única. Su libro, que te recomiendo mucho como herramienta de autoconocimiento, es resultado de estudios sobre la personalidad que han llevado a cabo el Dr. Martínez y su equipo en sus clínicas de internado residencial para personas que intentaban transformar sus vidas y salir de sus adicciones, la ansiedad y la depresión[6].

A medida que interactuamos con los demás y obtenemos ciertas respuestas, vamos decidiendo inconscientemente lo que más nos conviene. Así es desde que somos bebés y vamos adaptando nuestros comportamientos, volvemos ciertos rasgos más intensos y ocultamos lo que representa más dificultades. El problema está en que es justamente de esta forma que vamos perdiendo autenticidad y conformándonos. Lo que para algunos es una amenaza, para otros puede ser una oportunidad. A veces tenemos miedo al rechazo, a no ser vistos, a no ser suficientes, a que nos vean vulnerables o a que nos descalifiquen, pero en otras ocasiones percibimos las circunstancias como un factor reafirmante de nuestro valor propio. La hiperconexión amplía el espectro de los «deberías» y las redes sociales se convierten en una vitrina de exposición. Eso nos angustia, nos asusta y nos lleva a conformarnos con el pensamiento común, a fundirnos en la masa y perder nuestra identidad. Muchas veces nos adaptamos para mostrar lo que creemos que los otros quieren ver, lo que nos sirve para encajar y pertenecer a la sociedad en que vivimos y otras veces vivimos de acuerdo con nuestros valores y convicciones, arriesgándonos a ser etiquetados como diferentes y llegar a ser rechazados.

La autenticidad implica asumir la responsabilidad de la propia vida, salir de nuestra zona cómoda, sufrir, aprender y

---

6 Martínez, E. (2021). *¿Esclavos de la personalidad?* Re-conócete y entiende tu impacto en los demás. Bogotá: Editorial Planeta

crecer. Es perfectamente viable dejar de huir y escondernos para afrontar nuestros miedos, revisar creencias, organizarlas, adquirir nuevos hábitos y tomar decisiones diferentes, aunque eso se traduzca en confrontaciones. Cuando removemos las estructuras familiares y sociales, muchas veces tendremos que ir contra corriente para empezar a vivir una vida con sentido y ser nosotros mismos. Es un trabajo interior intenso y muy liberador.

La comparación es enemiga de la autenticidad

Compararnos es algo natural que nos ayuda a construir una identidad propia dentro de una comunidad. Y es parte de nuestro ser al estar en el mundo como seres sociales. Necesitamos esa validación para pertenecer. Cuando no hay un yo bien afianzado, basado en un autoconocimiento profundo, esa comparación permanente provoca que no estemos conformes con lo que somos ni con lo tenemos.

Las comparaciones casi siempre son injustas porque tienden a ser sobre lo peor de nosotros y lo mejor de los demás. Para ser justas, necesitarían ser medibles, pero ¿quién puede medir la vida en general?

Empecemos por el equilibrio, ese espacio donde habita la tranquilidad, sin lugar a duda. Es muy importante ser conscientes de nuestros logros según las expectativas, talentos y posibilidades personales. Es básico apreciar lo que tenemos, ser agradecidos con quienes somos y reconocernos en el amor, la empatía, la humildad, la compasión, la generosidad más que en las posesiones y los éxitos o fracasos. Todos hemos experimentado ese desasosiego generado por las comparaciones y deseamos poder dejar de compararnos, lo cual es imposible. ¡Respiremos! Y reconozcamos lo que está bien hoy, solo por hoy.

Compararnos puede anular nuestra creatividad y convertirnos en imitadores. También puede provocar que perdamos nuestra identidad única. Comparémonos con nosotros mismos, con lo que éramos en el pasado y lo que somos hoy. Contemplemos nuestros cambios y nuestras evoluciones. Intentemos ser objetivos y, ante todo, compasivos con nosotros mismos.

¿Se puede ser auténticos en un mundo altamente competitivo?

Es una paradoja: hacemos todo por encajar y pertenecer a un grupo, pero además queremos destacar en él y ser únicos. Es muy loable querer ser mejores cada día y tener como meta la excelencia personal, el problema es que dejamos de hacerlo por nosotros y la meta se convierte en ser mejores que los otros en más de una ocasión. Cuando somos auténticos, entendemos las circunstancias de los demás, complementamos nuestras fortalezas y elevamos nuestras debilidades para hacer equipo. En la autenticidad se genera la cooperación, porque nos reconocemos como valiosos. Todos.

Necesitamos mucha seguridad y confianza personal para vivir en un mundo competitivo sin caer en el juego de ganar o perder, si no entregando siempre lo mejor de nosotros, libremente, sin necesidad de estar a la defensiva ni midiendo todo lo que hacemos y decimos para no sentir nuestro propio valor amenazado. La autenticidad nos facilita percibirnos desde medidas propias, con una visión que nos da confianza para aportar lo que somos a los demás, desde nuestras propias aspiraciones y sentimientos de bienestar.

Perfeccionismo y autenticidad

El perfeccionismo es otro mal derivado de la comparación, la competencia y los juicios extremos sobre lo que está bien o mal. Queremos demostrar lo que valemos a punta de hacer las cosas de una determinada manera, considerada perfecta por criterios impuestos e irreales. Acabamos midiéndonos con una vara muy alta que se traduce en largas horas de trabajo y en metas de productividad imposibles de cumplir. También afecta los roles que desempeñamos como padres y madres de familia, en nuestro hogar, en los círculos sociales. Al final acabamos exhaustos, quemados, enfermos, con todas nuestras relaciones rotas. ¿Para alejar de nuestra vida todo aquello que temíamos perder?

El perfeccionismo nos empuja a exigirnos tanto que nos perdemos lo mejor de nosotros mismos. El perfeccionismo riñe con la vulnerabilidad y la honestidad, con sanar las heridas, aprender, y colaborar, con la creatividad y la innovación, con el desarrollo personal y comunitario. El perfeccionismo nos aleja de nuestra humanidad y no nos da la mano con la libertad. También nos separa como especie, nos aísla y nos impide ser responsables de nuestras acciones, pues quien es perfecto no comete errores, así la culpa siempre es de alguien más, además, nunca está nada suficientemente terminado. Nadie quiere estar cerca de alguien que es perfecto. La comunicación se rompe y las relaciones se convierten en meras apariencias. La perfección no existe.

Como perfeccionista en proceso redención, quiero recordarte que donde hay vida, hay desorden. Quiero decir con esto que el orden perfeccionista es antivital. La realidad es que somos seres humanos vulnerables, que cometemos errores y en esa perfecta imperfección encontramos los puntos de conexión con los otros. Así surgen las oportunidades de crecimiento y de colaboración que nos hacen fuertes como comunidad y como grupo. Cuando somos vulnerables tenemos coraje para exponernos a riesgo de equivocarnos, mostramos nuestras emociones y nuestras convicciones personales a pesar de saber que seremos evaluados. Ser vulnerables es atrevernos a tener conversaciones difíciles con la suficiente apertura para aceptar a otros en su propia individualidad, sin descalificarlos.

Conocía a N. desde que había acabado la universidad. Era feliz con su trabajo de arquitecta, era lo que había soñado y lo había ejercido durante 10 años. Había cumplido todos sus deseos y bastante rápido. Pero había más en su lista: conseguir un marido, tener hijos y construir su casa. Se dio cuenta de que se sentía estancada y que se había ido conformando con lo que le tocaba vivir sin desear más. Lo del marido y los hijos no había llegado y la realidad es que a aquel paso tampoco iba a poder con lo de la construcción de su hogar. Durante mucho tiempo se había convencido de que había logrado su sueño, pero eso había implicado que no tomara decisiones arriesgadas, que pasara por sus días sin pena ni gloria, no había cambios en su vida emocional y se había acostumbrado a estar sin pareja.

Un día, una de sus compañeras de universidad mucho menor se convirtió en su jefa y empezó a tratarla con una actitud de superioridad que le hizo entrever el peligro. Así llegó a mi consulta. Empezamos nuestro trabajo en las sesiones y mediante muchas preguntas de reflexión llegó a la conclusión de que esa era la vida que su madre había querido para ella. Su madre también es arquitecta, pero no pudo ejercer por haberse dedicado a la familia. A N., no es que no le guste la arquitectura, le encanta, pero la vida empresarial no le interesaba. Había estado tan inmersa en lo que se esperaba de ella, que se había quedado en el trabajo soñado que no se correspondía con sus sueños. N. necesitaba más creatividad para realizarse profesionalmente.

N. hizo un trabajo de toma de decisiones profundo en el que tuvo que vencer los miedos de no cumplir con las expectativas familiares y enfrentarse sola a desarrollar su carrera en sus propios términos. Se dedicó a actualizar sus valores para saber qué quería realmente en su presente y de cara al futuro. Empezó a vislumbrar que necesitaba arriesgarse para lograr ponerse en consonancia con la vida de nuevo. Renunció a la empresa. Se renovó en cada una de las áreas de su vida, se enfrentó a dificultades económicas que no tenía antes y las fue superando. También abrazó un nuevo círculo social, hizo nuevos amigos y empezó a salir más. Conoció a alguien especial y tiene planes románticos a la vista.

En conclusión, ser auténticos significa ser dueños de nuestra vida con todas sus consecuencias. Implica:

- No aparentar ni usar máscaras y mostrarnos tal como somos. Muchas veces nos mimetizamos con el círculo social en el que nos encontramos. Cuando nos mostrarnos como somos, los demás pueden confiar plenamente en nosotros. Saben y conocen lo que hay detrás. Aceptamos la crítica sin temor, porque sabemos que la pasamos por nuestro propio filtro y mejoramos lo que sea pertinente, agradeciendo que nos haya sido mostrado. Nos hacemos responsables por lo bueno y lo no tan bueno.

- Dejar a un lado los «debería» para poder ser quienes somos realmente, tener el coraje de ser diferentes y también de cambiar de opinión. Es superficial cumplir los deseos de los demás para tener a todos contentos y evitar conflictos. No podremos sostener la situación por siempre y en algún momento ese castillo de apariencias se vendrá abajo.

- Volver a evaluar todo lo conocido hasta el momento presente. Se trata de tener una actitud abierta, curiosa, que nos lleve a preguntarnos por todo, a verificar lo que nos dicen, lo que vemos y leemos, ir al fondo de los temas, ser flexibles con nuestras creencias e ideas, reconocer a los demás en su diferencia y validarlos. Nuestra capacidad de adaptación, crecimiento y aprendizaje depende de nuestra capacidad para ser flexibles.

- Ser conscientes de que afectamos y somos afectados por los demás. Podemos ejercer nuestra libertad de elegir quiénes somos y quiénes queremos ser. Y también practicamos nuestra responsabilidad cuando somos conscientes de que lo que hacemos tiene un efecto no solo en nosotros sino también en los demás. Además, no podemos olvidar que lo que hagamos con lo que nos pasa depende exclusivamente de cada uno de nosotros.

 **PARA RECORDAR**

- Vivir auténticamente es vivir libres y responsables. Es decir, nos hacemos dueños de nuestra vida con sus luces y sombras. Somos seres humanos únicos e irrepetibles y ser auténticos es honrar esa originalidad.

- La comparación, la competencia y el perfeccionismo constante nos quitan libertad de elegir, para poder encajar y al final, perdemos nuestra propia identidad.

- La autenticidad nos lleva a la cooperación y la colaboración, valorando la diferencia.

Para vivir una vida más auténtica puedes:
- Reevaluar todo lo conocido hasta ahora.

- Tener el coraje para ser diferente y afrontar esa decisión.

- Ser flexible al confrontar tus creencias e ideas

- Ser conscientes de que afectamos y somos afectados por los demás.

Algunas preguntas de revisión personal que te pueden ayudar.

- ¿En cuáles espacios, familiares, laborales, sociales, te sientes libre para expresar tu forma de pensar con seguridad y confianza? ¿Qué tan a menudo te ves opinando lo mismo que la mayoría? ¿Por qué lo haces y cómo te sientes después?

- ¿Qué opinas de tener conversaciones difíciles, sobre racismo, política, género, diferencias de opinión, errores cometidos en el trabajo, con honestidad? ¿Cómo te sientes cuando te critican o refutan lo que dices?

- ¿Qué creencias arraigadas determinan los estándares deberían cumplir algunas personas para entrar en tu círculo? ¿Sabes de dónde provienen esas creencias?

PARTE 3:
HERRAMIENTAS DE SENTIDO EN LA TRANSFORMACIÓN DEL SUFRIMIENTO, EL DOLOR Y LA MUERTE

Soy de las que creció con frases del tipo «esta vida es un valle de lágrimas», «parirás con dolor» y «ganarás el pan con el sudor de tu frente». En el colegio me hablaban de sacrificio y aún hoy me aterra ver que los noticieros se empeñan en mostrar más las tragedias del mundo. Entonces, me pregunto con qué ojos miramos la vida y dónde nos cabe lo mejor de la humanidad y cada uno de nosotros.

Las herramientas que te sugiero en los próximos tres capítulos nos ayudan a tener una actitud abierta ante la vida a pesar de lo que nos pasa. Entiendo que es difícil prestar atención a las oportunidades cuando aparecen los sufrimientos inevitables, las pérdidas, el dolor y la muerte. A mí me tomó muchos años lograr aceptar que necesitaba replantearme mi vida. No es un proceso que se realiza de la noche a la mañana. Todo eso me exigió romper con las creencias de que si me esforzaba mucho lograría lo que quería. Fue el primer paso para deshacerme de otras ideas muy arraigadas que me sostenían en relación tanto al rol de la mujer en la familia, como al destino, la resignación o el conformismo ante la desdicha.

Lo primero que hice fue darme tiempo y retirarme a mi interior en silencio para escucharme y descubrir lo que quería. Encuentro mi sabiduría interior en el silencio, nos pasa a muchos. El viaje hacia mí me llevó a un buen puerto y me abracé a una verdad profunda: ya no era posible que la vida solo me ofreciera tropiezos. Podía ver claramente que hay mucho por conocer y que también hay mucha abundancia a mi alrededor. Descubrí que el universo se sostiene sin que yo lo empuje, que es hermoso y está aquí para nuestro goce. Lo compruebo con todos mis sentidos cada vez que me detengo a escuchar la naturaleza. No estoy alejada del sufrimiento del mundo, por supuesto que no, tampoco me entrego a él solamente. Soy capaz de sentir también la belleza y las posibilidades que nos da el día a día. Desde las más pequeñas decisiones somos libres para elegir la forma en que vivimos. Sé que está en nuestras manos transformar lo que nos pasa para no quedarnos estancados en la tristeza y convertirnos en nuestra mejor versión a través de lo significativo y transitando nuevos caminos.

Antes, mis ideas sobre lo que debía ser en la vida eran fijas, jugaba al todo o nada. Y sin darme ni cuenta, construí un camino que me condujo a que mi ruptura matrimonial me dejara completamente perdida. Pero justo entonces empezó mi gran viaje interior. Tuve la oportunidad de cambiar mi actitud ante la vida. Aquel dolor y toda la impotencia que sentía fueron claves para ir hacia adelante y adueñarme de mis decisiones. Y hoy tengo herramientas como el perdón para entender y liberarme de las cadenas que yo misma me imponía. También puedo mirar mi vida y mi muerte para saber cómo quiero vivir. Me siento libre.

Descubrí pequeños gestos que me ayudan mucho. Por ejemplo, cuando estoy ante una dificultad, lo primero que hago es caminar a paso lento, le bajo las revoluciones a la vida para observar la naturaleza y agradecer lo que tengo. Me tomo una pausa consciente y también una infusión que me guste mucho. Me doy el permiso de consentirme. Me cobijo con una manta como un abrazo. Durante mucho tiempo me acompañaba mi perro Jack, que ya no está. No se me olvida su calidez, su cuerpo en mis pies, nuestras respiraciones acompasadas, juntos. Todo esto es parte de los valores de actitud, tal como los llamaba Viktor Frankl. Nos ayudan a responder en los momentos en que se nos rompe algo importante y nos permiten dar con el sentido del sufrimiento y la muerte que nos golpean como algo absurdo.

Me viene a la mente la historia de Hunter Doherty «Patch» Adams, un médico norteamericano, comediante y activista social que creó el Gesundheit Institute. Se trata de un hospital comunitario gratuito donde se les enseña a los estudiantes de medicina a desarrollar conexiones compasivas con los pacientes y mucho más. En efecto, se prescriben tanto medicinas como humor y juego, esenciales para la salud mental y emocional. Hay una película sobre «Patch» Adams con su nombre por título. A Hunter no le acabó de gustar porque entendió que se trivializaba su método. Para él era esencial que se entendiera el sufrimiento de la enfermedad de una manera diferente. Controversia o no, me parece un buen ejemplo de valores de actitud ante la enfermedad.

Hoy en día veo una tendencia progresiva a negar el malestar. Pero ¿acaso no es antinatural pretender una vida que solo nos proporcione bienestar ilimitado en todas las áreas? Me pregunto qué nos puede suceder si nos preparamos para la adversidad. Tal vez veríamos mejor los beneficios de aprender y el crecimiento que nos aporta. ¿Podemos darnos el lujo de vivir mal? Siempre tenemos la capacidad de elegir la actitud con la cual continuaremos la vida en medio del sufrimiento, la pérdida, la culpa, el dolor y la muerte. Se trata de una responsabilidad personal hacia la vida.

CAPÍTULO 8. MIRAR AL SUFRIMIENTO DE OTRA MANERA

«Nuestra historia no es un destino. Nada queda escrito para siempre […] Los sufrimientos nos obligan a metamorfosearnos y nunca perdemos la esperanza de cambiar de manera de vivir»
La maravilla del dolor, de Boris Cyrulnik

¿Es el sufrimiento opcional? ¿Acaso alguien escogería sufrir conscientemente? El sufrimiento siempre ha sido un misterio para mí. Algunos pasamos la mayoría del tiempo en una rutina de vida diaria sin mayores sobresaltos hasta que algún evento nos provoca un terremoto. Otras personas parece que hubieran nacido para sufrir y pasan por todo tipo de momentos difíciles. También hay quienes tienen estrella, siempre están bien y se les ve felices y tranquilos.

Aún recuerdo un día de hace ya 30 años en que mi cuñado murió en un trágico accidente aéreo. Fue el primer fallecimiento de alguien muy cercano a mi corazón y de una forma tan inesperada. Hice un álbum de fotos para conmemorar su vida y me centré en ese aspecto.

Fue un sufrimiento muy diferente del que experimenté después de mi separación. Fue terriblemente doloroso, tenía el corazón roto. Y esta vez no fui capaz de transitarlo, escondí mis emociones y me quedé estancada. Más tarde me di cuenta de que me recluía en mi rol de fortaleza absoluta. Fueron dos hechos muy dolorosos que viví de manera muy diferente. El dolor no es comparable, nunca lo es. Obviamente, para cada persona su sufrimiento es el más fuerte de todos. Y si bien es cierto, podemos adquirir algunas habilidades que nos ayuden a ampliar la mirada. He tenido dificultades como cualquier persona. Durante mucho tiempo me quedé estancada en la queja, la culpa y la victimización. Eso no me ayudó, aunque creyera lo contrario en su momento.

No ha sido sencillo, pero he aprendido a darle espacio a mi sufrimiento después de haberlo negado tanto tiempo. Cuando algo doloroso me sucede me retiro en calma y en silencio, para precisamente sentir el dolor, llorar, gritar y dejar que ocurra lo que tenga que ocurrir. Me doy tiempo. Ningún dolor es tan pequeño que no vale la pena. Llorar es muy liberador. Y lo impulso, me pongo a escuchar canciones tristes o las que me vengan en ese momento a la cabeza. Luego, procedo a escribir todo lo que siento de la forma más detallada posible. Me detengo en las sensaciones en la piel, el frío que cala los huesos, el desánimo, el cansancio, las ganas de esconderme en la cama y no salir de ahí. Escribo lo que huelo, lo que oigo. Descargo en el papel todo el dolor. Lo saco de mí para poder empezar a pensar y de pronto ver nuevos caminos. Evito los porqués, no suelen dar respuestas y busco los para qué. Cada dolor requiere compasión y comprensión y este proceso requiere tiempo. Paradójicamente, el dolor es lo que más nos ayuda a crecer y donde mejor mostramos nuestra valentía. Podemos resignificarlo y encontrar un nuevo camino de sentido. Para mí es como estar sentada ante la chimenea en una tarde lluviosa, meditar ante el fuego y entregarle mis pensamientos o los problemas que me agobian para que desaparezcan en las llamas. Luego «sacudirme las cenizas» y empezar de nuevo.

Elegir nuestra actitud ante el sufrimiento y la muerte es posible y hacerlo es un acto de libertad. El sufrimiento nos coloca entre fuerzas que tiran de nosotros en diferentes direcciones. Por una parte, están nuestros límites y la tendencia a actuar en contra de nuestras convicciones; por otra parte, nuestro proyecto de vida que se rompe en el momento de la catástrofe. El resultado es que padecemos dolor emocional y físico en diferentes circunstancias.

Hay diferentes tipos de sufrimiento:

1. El sufrimiento inevitable o ineludible
Sucede cuando nos toca aprender a vivir a pesar de él. Es el sufrimiento que nos causa la enfermedad crónica y terminal,

la pérdida por una quiebra económica, la disminución de las facultades físicas, ante la muerte de un ser querido o la inminencia de la propia. Todo eso que nos hace conscientes de lo limitados que estamos por el tiempo y el espacio, de lo incierta e imprevisible que es la vida. El sufrimiento inevitable nos confronta y nos lleva a darnos cuenta de que no somos especiales, que les pasa a todos y eso nos ayuda a ubicarnos como humanos, finitos y pequeños en el universo.

Es un sufrimiento contra el que no podemos pelear ni tratar de superarlo a toda costa, hay que aceptarlo y transitar por él, es decir, permitir a las emociones su expresión, con lágrimas, con rabia regulada, con recogimiento, con silencio, con espacio personal. Al aceptarlo dejamos de luchar y damos espacio a la acción para hacernos cargo, para darle un significado más allá del golpe inicial. No se supera la muerte de un hijo ni la de los padres o la de un amigo querido, pero se puede vivir a pesar de ello, con las memorias, con otra forma de presencia. Una nueva vida diferente pero posible.

2. El sufrimiento como producto de una vivencia o de una decisión

Se presenta como consecuencia de algo que hicimos o dejamos de hacer, causa dolor, culpa o arrepentimiento. Nos decimos que tal vez hubiéramos podido hacer algo diferente.

En este caso hay más margen de acción para afrontar y hacer lo correcto. Quizá no se pueda remediar del todo el hecho, pero se puede evitar que se haga más grande o que se repita.

Nuestra reacción marcará la diferencia entre quedarnos estancados o hacer algo por enmendar y mejorar. Pedir perdón, reparar o si ya no es posible, hacer un bien a otros de manera que se repare simbólicamente el daño que causamos.

La culpa personal es clave en este tipo de sufrimiento. Aparece cuando tomamos decisiones equivocadas o que van en contra de cuanto es valioso. Nos arrepentimos de lo que decidimos, de lo que hicimos o dejamos de hacer directa o indirectamente. La psicoterapeuta Elisabeth Lukas, una de las discípulas directas de Frankl y gran exponente de la aplicación práctica de la Logoterapia, afirma en su libro *También tu sufrimiento tiene sentido* que «La culpa es un gran sufrimiento y es más dolorosa porque es causada por nosotros mismos».

Podemos sentirnos culpables al tomar decisiones profesionales en contra de nuestros talentos por dar gusto a alguien y al final no habernos realizado en lo que realmente nos apasionaba. A veces tomamos decisiones de pareja por compromiso social o el qué dirán y luego vivimos con el peso de un mal matrimonio o una separación. La culpa puede ser generada también cuando no tomamos ninguna decisión y somos indiferentes a algún drama humano dejándonos vacíos. Nos sentimos culpables cuando nuestras acciones hacen daño a algo o alguien. Todas esas son culpas reales y podríamos dar muchos ejemplos más. Tienen una carga emocional muy grande, nos afectan en muchos momentos de la vida, pero también pueden convertirse en un motor de desarrollo personal. Les ganamos si tomamos conciencia de ellas, nos arrepentimos y hacemos algo por transformar, reparar o remediar los hechos. Lo importante es no quedarnos estancados en culpa.

Existe también la culpa irreal. Es muy compleja porque no está en nuestras manos remediarla. Ocurre, por ejemplo, cuando un hecho afecta a alguien, pero se debe a una situación que se sale de nuestro control. Pienso en estos momentos en los migrantes, que pasan por situaciones tan dolorosas. Probablemente podremos ayudar algunos, pero no a todos y sentirnos culpables todo el tiempo nos hace sufrir, pero se nos sale de las manos.

Hay trastornos mentales que nos impiden oponernos a impulsos obsesivos y nos hacen sentir culpables por todo, sin razón y sin posibilidad. Si no podemos remediarlo y no tenemos el control sobre la situación ni el daño es una culpa cuya solución, claramente no depende de nosotros.

Me viene a la mente el caso de una persona que vino a mi consulta y que tuve que remitir a tratamiento psicológico. Se sentía culpable por el lamentable estado de drogadicción de su hijo, una persona que había tomado malas decisiones ya en su vida adulta y se encontraba realmente mal. Su madre no podía vivir con la situación. Había dejado de comer, recorría calles mientras buscaba a su hijo y se culpaba por todo lo que había hecho desde que él había nacido. Incluso encontraba culpas en su alimentación prenatal. Era un sufrimiento terrible y ella estaba obsesionada con algo que no podía controlar por su propia situación mental. Este tipo de culpa necesita ayuda profesional psicológica o psiquiátrica.

3. El sufrimiento innecesario

Se enciende cuando sufrimos sin sentido o simplemente sufrimos pudiendo de alguna manera no hacerlo. Es difícil para quien lo vive, porque realmente lo está padeciendo y porque en ese momento no tiene la capacidad de hacer algo diferente. Es el caso de las adicciones y las dependencias afectivas. Pero con las elecciones adecuadas existe la posibilidad de dejar de sufrir. También ocurre cuando se sufre intensamente por los padecimientos de otros sin hacer nada al respecto. Y le pasa a quien sufre y se aísla por lo que ve en las noticias, sin que esté en sus manos cambiarlo.

Para no sufrir innecesariamente hay una opción. Y consiste en tomar decisiones adecuadas como, por ejemplo, desintoxicarse, abandonar una relación, dosificar los noticieros. Aunque signifique transitar el dolor de dejar algo que inconscientemente suponía una ganancia, como el alivio que dan las drogas o la sensación de seguridad de una relación o el refugio que ofrece la comodidad del hogar.

A veces sufrimos por querer cambiar a los demás, tener expectativas irreales de las cosas o miedos paralizantes. Existen ganancias inconscientes para quedarnos cómodamente donde estamos en lugar de hacer un trabajo interior que se toma más tiempo o tomar decisiones que a su vez serán muy difíciles y dolorosas también. El precio es el sufrimiento sin sentido.

¿Cómo convertir mi sufrimiento en resiliencia?

Tengo la convicción de que fuimos creados con amor y que nuestro estado natural es el de paraíso, es decir, de paz interior y felicidad. Lo que se hace por amor no implica un sacrificio, ni el trabajo, ni dar a luz, ni cuidar de otros y que esa palabra, sacrificio, no debería tener connotaciones desagradables. En realidad, creo que estamos contentos, tranquilos y en paz la mayor parte de nuestra vida y lo que interrumpe ese estado son algunas dificultades, los problemas y las adversidades que se nos presentan a todos de vez en cuando.

Pero cuando sufrimos, nos hacemos más conscientes de esa felicidad natural en la que nos encontrábamos y se hace evidente que como seres humanos tenemos siempre la posibilidad de volver a ella. Aunque muchas veces sea difícil, tenemos la capacidad de transformar el dolor en crecimiento, posibilidad y sentido. La adversidad nos hace crecer, madurar y ver la vida diferente.

Solo tiene sentido el sufrimiento si encontramos su función y lo convertimos en posibilidad. Si salimos de ese estado diferentes, más maduros, con algún aprendizaje o con una historia que contar a otros para su bien. Esa es la resiliencia, una palabra que nos indica la capacidad de afrontar la vida con sus dificultades y salir fortalecidos. O lo que llamamos «encontrarle sentido al sufrimiento» en Logoterapia. Los recursos de resiliencia están presentes en cada uno de nosotros, son parte de nuestra fortaleza espiritual para entender y solucionar lo que nos sucede.

Boris Cyrulnik o Tim Guenard han sufrido en carne propia grandes traumas. Cyrulnik es un psiquiatra y neurólogo francés que durante la ocupación de Francia en la Segunda Guerra Mundial fue capturado por los nazis siendo un niño. Logró escapar gracias a una enfermera que lo llevó en su camioneta escondido. Sus padres murieron y él sobrevivió como pudo hasta que encontró una familia que lo acogió y logró salir adelante. Guenard encadenó una serie de desgracias siendo muy pequeño. Su madre lo abandonó. Sufría maltrato en manos de su padre y a causa de los golpes se quedó inmovilizado dos años en un hospital. Terminó en las calles de París y pasó tiempo en una correccional. Acabó, evidentemente, con un corazón endurecido por el sufrimiento. Pero también encontró a su mentor entre hogares de acogida. Boris Cyrulnik y Tim Guenard relatan en sus libros que hubo personas clave que les ayudaron a salir adelante, personas solidarias que les mostraron un camino diferente. También tuvieron la capacidad de salir de sí mismos para ver más allá de su sufrimiento, para recibir la ayuda de otros y para proyectarse a futuro de una manera diferente.

Algunas personas tienen la suerte de crecer en circunstancias que favorecen la expresión de esos recursos de resiliencia. Son entornos adecuados donde se han sentido seguros y amados donde se les ha permitido hacer frente a los dilemas de la existencia desde niños. Lo han experimentado a través del juego y también al relacionarse de forma segura con personas cercanas para conocer y gestionar las emociones. Así pueden echar mano de muchos aprendizajes en su edad adulta, cuando se presentan las adversidades. Logran superar esas situaciones con mayor rapidez y éxito. Pero no es lo más común.

Podemos aceptar que la vida tiene sus problemas y que es como un río que fluye en el cambio. La vida nunca vuelve a ser la misma, siempre diferente. En la aceptación dejamos ser lo que tiene que ser, aunque no estemos de acuerdo y nos reinventamos aprendiendo a vivir con lo sucedido, recibiendo las nuevas vivencias a pesar de que sean retadoras. En la aceptación hay movimiento, tránsito, adaptación, acción, transformación. Es entonces cuando logramos la resiliencia y encontramos el sentido.

El duelo como camino de aceptación

El sufrimiento inevitable rompe un proyecto de vida, aun así, puede aparecer uno nuevo, posible y significativo. Hay un duelo en toda pérdida, sin importar su índole. El duelo es el proceso que se da cuando nos damos cuenta de que eso que era tan valioso para nosotros ya no está, que nuestra vida sigue, pero ya nada es igual. Puede ser el camino para aceptar y resignificar el dolor o un camino fangoso de resignación en el que nos quedamos atascados mucho tiempo o para el resto de la vida. No es un proceso racional, no podemos ponerle plazos. A partir del momento en que abrazamos el dolor que se ha producido, empezamos a aceptar y también comienza a abrirse el corazón. Allí se vislumbran nuevos valores para ponernos en movimiento y emprender acciones que llenan nuestras vidas de sentido.

El proceso se dispara ya desde el golpe inicial ante lo inevitable. Lo soportamos con incredulidad y la primera reacción es intentar entender con la razón, por qué suceden las cosas y por lo general, la respuesta no llega. Entonces nos angustiamos, nos cerramos al mundo, porque es difícil justificar tanto dolor que produce una situación difícil. Nos sentimos solos, desamparados. Nos peleamos con el mundo, con Dios y con las circunstancias. Y mientras estamos retirados, sintiendo tantas emociones y tratando de entender, vamos organizando ideas y encontrando respuestas en el interior de nuestra alma. Con el tiempo nos abriremos poco a poco para comprender la finalidad de lo que estamos viviendo. ¿Para qué todo esto? Así empiezan a vislumbrarse nuevos caminos. Empezamos a salir de nuestro retiro. Finalmente, aparecen nuevas respuestas.

Los duelos

Cada duelo es único y personal. Lo mejor que podemos hacer es respetar nuestros tiempos y ritmos. Para sanarnos, será bueno tener paciencia y hacer lo necesario cada día, reconocer que no estamos bien, recogernos en silencio, recordar lo sucedido, evocar lo bueno y en la calma ir juntando los pedazos de nosotros mismos e irnos reconstruyendo. En nuestro duelo solo cabemos nosotros. Podemos escuchar consejos, aceptar la presencia y la ayuda de otros, pero el tiempo es personal. Está bien estar mal y no hay necesidad de quedar bien con nadie.

Los duelos evolutivos

Son muy poco reconocidos. Todos implican pérdidas valiosas muy reales. Son internos y se dan por el paso del tiempo. Aceptar las consecuencias de la vejez, las canas, la jubilación, la pérdida sutil de las facultades, no es fácil. Por eso se recurre tanto a las cirugías y el mercado de productos que prometen la eterna juventud.

Es importante hacer duelo por la pérdida de identidad, cuando ya no somos quienes éramos antes, por ejemplo, cuando los hijos se van de casa y ya no somos padres de la forma que éramos. Se le llama el síndrome del nido vacío, pero para mí es el alma la que se vacía cuando no tenemos alternativas valiosas con las cuales suplir el cambio de nuestras prioridades.

También podemos contar las muertes parciales, cuando hay amputaciones corporales, en la que hay que aceptar una vida que no volverá a ser como antes. Abarca toda la relación con nuestra identidad, nuestra autoestima y la forma de relacionamos con otros.

Podríamos nombrar muchos sufrimientos y duelos que pasamos a lo largo de nuestra vida.

Aunque leamos mucho y nos informemos a fondo sobre el duelo, no se trata de un conocimiento racional. El alma sabe cómo es el proceso interno y lo importante es transitarlo. Algunos solo podemos acompañar, estar presentes y respetar el proceso. Cada vez que algo o alguien muere, una parte de nosotros se va con esa persona, con esa relación, con esa pérdida, con ese empleo. Pero también surge una oportunidad para renacer.

Para profundizar en el tema, me encantaría recomendarte el libro *Los duelos en la vida,* de Isa Fonnegra de Jaramillo y su hija Liliana. Son psicólogas colombianas expertas en el tema del duelo y las pérdidas vitales. Se han dedicado a acompañar a personas a transitar todo tipo de duelos en su práctica clínica.

Recuerdo el caso de R. en mi consulta. De un día para otro, su compañía había prescindido de sus servicios. R. había logrado ascender con mucho esfuerzo en su carrera financiera hasta lograr un cargo de dirección. Se quedó con gastos familiares altos, hijos adolescentes y un nivel de vida que definitivamente no podía mantener. Al principio tenía esperanzas de encontrar un trabajo nuevo pronto. Se puso manos a la obra y con un ánimo entusiasta se hizo cargo del asunto. Pasaron varios meses sin que nada cambiara. Su esperanza se fue minando porque en todos los procesos de entrevista lo rechazaban por su edad. La situación económica empeoró hasta volverse insostenible. Se rompió la unidad familiar, la pareja no tenía bases de apoyo sólidas y se disolvió la relación. R. cayó en una depresión que aumentó el problema durante mucho tiempo hasta que con una voluntad propia admirable logró poco a poco recomponerse. Empezó a encontrar pequeños trabajos para nada relacionados con su carrera y muy por debajo de su nivel profesional. Llegó a mi consulta para que le ayudara a trabajar su autoestima ya muy golpeada. Incluimos a los hijos en algunas tareas. Necesitaban acercarse ya que habían sido prácticamente excluidos por otros familiares aumentando el sentimiento de aislamiento del padre. Después de algunas sesiones como grupo familiar, le escribieron a su padre unas cartas en las que le expresaban su admiración pese a todo lo que había pasado. Eso fue lo que impulsó a R. a cambiar sus prioridades y valores, empezó a tomar decisiones para poco a poco ir recuperando de nuevo las ganas de vivir y ver oportunidades diferentes. Se le ocurrió una idea de negocio y se ha hecho cargo de sí mismo.

Algunos consejos para encontrar sentido al sufrimiento:

- **Contar la historia.** Es importante sacar lo que tenemos dentro, no importa el tamaño del dolor. Tendemos a minimizar lo que nos pasa, a encerrarnos para no mostrar nuestra vulnerabilidad, pero hay que darle su espacio al sufrimiento para poder resignificarlo. Usar todas las técnicas posibles para contar la historia y crear un nuevo relato.

- **Preguntarnos constantemente qué es lo que la vida nos está pidiendo,** especialmente en los momentos de adversidad. También contemplar qué podemos aportar a partir de nuestra experiencia personal, porque al final, tenemos una responsabilidad con nuestra existencia.

- **Buscar ayuda** en la terapia, en un grupo de apoyo, en personas confiables de nuestro entorno. Una mirada externa, un apoyo en el silencio o una mano amiga en la necesidad son cruciales. Quedarnos encerrados en nosotros mismos limita nuestras posibilidades de alcanzar una nueva vida.

- **Cambiar el foco de atención**. Cuando sufrimos, la causa del dolor se convierte en una rueda de la que no nos podemos bajar. Para ver más allá podemos ayudarnos cambiando de ambiente, calmando la mente, poniendo la atención en actividades diferentes. Algo que nos ayuda a distanciarnos del dolor es el humor, pues es una actitud que nos invita a ser maleables. Humor viene de humedad y lo húmedo se resquebraja menos, nos ayuda a quitarle drama a la vida y verla desde otra perspectiva. Es diferente de la burla y el chiste, que se mofan o ridiculizan a una persona o situación hiriendo las fibras afectivas sensibles. El humor, en cambio, es personal, cambia la mirada y nos ayuda a situarnos en la realidad y tomar distancia entre nosotros y ella.

- **Despedirnos de lo que éramos**, despedirnos de lo que amábamos para dar paso al futuro y aquello en lo que podemos convertirnos. La despedida es difícil, porque estamos diciendo adiós a algo valioso e importante. Lo que nos hace sufrir no es dejar lo malo, sino lo bueno de una situación o una persona.

- **Entender que nosotros elegimos qué hacer con nuestro sufrimiento**. Si hemos decidido entregarnos a la pena, sentirnos derrotados, dejarnos morir, no haremos nada productivo para salir de ese sufrimiento. Pero si hemos decidido, al menos, ser curiosos y ver qué pasa al final, sonreír cuando la vida no nos sonríe, daremos pasos pequeños de cuidado personal, de reflexión e introspección, de investigación y de lo que sea necesario para ir aprendiendo algo y superando la adversidad. ¿Fácil? No. Pero paso a paso se va viendo la luz al final del túnel.

A J. y L. los conocí cuando daba una charla en un grupo de apoyo para padres que han sufrido la muerte de sus hijos. Ellos habían perdido a su niño en un accidente de tránsito varios años antes. Pensaban que nunca iban escaparían de su dolor y durante mucho tiempo la vida fue casi insoportable. Tenían una buena relación de pareja, se apoyaban el uno en el otro, pero no acababan de salir adelante. Cuando encontraron el grupo de apoyo finalmente lo lograron. Al compartir su experiencia con padres con pérdidas más recientes, fueron encontrando consuelo y poco a poco pudieron empezar a hablar de su hijo, hacer homenajes y celebrar su vida. Transformaron su dolor y apoyaron a otros a transmutarlo como camino de vida.

Nunca es tarde para sanar nuestras heridas. Lo importante es que aprovechemos esta vida para lograrlo y no nos privemos de tener una vida feliz, plena y significativa.

PARA RECORDAR

- En el sufrimiento encontramos oportunidades de crecimiento y nuevos caminos de vida. Las dificultades y la adversidad son inherentes a nuestra humanidad, pero hay sufrimientos que podemos evitar cuando tomamos decisiones diferentes, aunque sean difíciles.

- Por otro lado, hay sufrimientos inevitables a los que nos enfrentamos como la enfermedad, la pérdida, la muerte, situaciones que nos causan un dolor profundo y que interrumpen nuestro proyecto de vida personal, de pareja, de amistad. Nos enfrentamos a una nueva vida diferente sin lo que teníamos antes. Damos pasos para atravesar el dolor, despedirnos de aquello que amamos, y así descubrimos una nueva vida posible, le encontramos un significado propio y actuamos para abrazarlo.

Algunos consejos para ir encontrando sentido en el sufrimiento:
- Expresar las emociones, crear un nuevo relato.

- Preguntarnos qué es lo que la vida nos pide y cómo podemos responder.

- Buscar ayuda, la clave para atravesar los sufrimientos suavemente.

- Cambiar el foco de atención.

- Despedirnos de lo que éramos, despedirnos de lo que amábamos.

- Saber que lo que hagamos con nuestro sufrimiento es nuestra elección.

 **MOMENTO DE REFLEXIÓN**

En este capítulo te invito a contar tu historia. Toma lápiz y papel y escribe un relato de ese sufrimiento por el cual estás atravesando.

- ¿Cómo lo estás viviendo? ¿Qué sientes? ¿Quiénes son los personajes principales y qué papel juega cada uno en la historia? ¿Cuál es tu responsabilidad en lo sucedido?

- Escribe un desarrollo detallado de tu relato y luego inventa tres finales diferentes para tu historia. Vuélvelo a leer en unos días y modifica lo que creas conveniente. Nuestra historia, va evolucionando.

- ¿Qué es lo que realmente te duele dejar ir? ¿Has analizado cuáles son las ganancias ocultas de mantenerte en este estado?

- ¿Qué aprendiste de esto? ¿Cómo tu vivencia puede ser de ayuda para otros?

CAPÍTULO 9. TENER UNA ACTITUD COTIDIANA DE PERDÓN

«Del bien al mal solo hay un paso; entonces del mal al
bien también solo hay un paso»
Archipiélago Gulag, de Alexandr Solzhenitsyn

Algo en mí me decía que todo mi camino de sanación se encontraba en el perdón, pero la verdad, me parecía imposible. ¿Cómo perdonar a quien te hace daño o te causa sufrimiento?

Podemos contemplar una actitud cotidiana de perdón y no solo de perdonar cuando nos han hecho el mal únicamente. El perdón cotidiano es una herramienta creativa que nos ayuda a mejorar nuestras relaciones, pues tiene que ver con la forma en que nos tratamos como personas y la forma compasiva en que nos miramos. El perdón cotidiano, nos fortalece y aumenta nuestra autoestima, de forma sana. Nos permite mirarnos y evaluarnos de una forma compasiva, aceptándonos como somos. Y si nos vemos así, será más fácil ver al otro de igual manera. Las crisis matrimoniales generan muchos rencores y sentimientos de venganza. Es increíble que esa relación que da como resultado vidas maravillosas luego sea fuente de las heridas más profundas, en un paso, casi sin darnos cuenta. Creo que el problema está en que perdemos la capacidad de ver la humanidad en el otro y ya no nos importa el daño que le hacemos, no lo sentimos. Es decir, perdemos la empatía y la compasión por el otro. Y esto nos pasa no solo en las relaciones de pareja, sino en las de amistad, en las de familia y en las de trabajo donde para colmo de males, no hay lazos de por medio sino un deber laboral únicamente. Podemos condenar los actos, pero no perder la esperanza de que las personas que los han cometido pueden cambiar o que el acto cometido haya sido fruto de alguna circunstancia particular que no define a la persona. Somos mucho más que los errores que cometemos.

Cuando emprendí mi viaje interior, también me fui dando cuenta de que los rencores que cargaba en mi vida no eran únicamente en mi relación de pareja, eso había sido solo la cereza del pastel. Manejaba un rencor generalizado hacia mí misma y sentía remordimiento por haber tomado tantas decisiones en contra de mis sueños. Como yo misma me equivoqué, me gusta intentar sentir empatía, de manera consciente, imaginar en la situación por la que la otra persona puede estar pasando y eso me ayuda a acercarme emocionalmente. No hay que negar que hay algunas que nos sacan de nuestro centro e incluso de nosotros mismos, pero al tomar la decisión de actuar diferente, puedo respirar profundo tres o cuatro veces para volver a conectar conmigo misma, deshacerme de la basura de mi mente, darme cuenta de que lo que pienso del otro son solo mis juicios y cambiar mi forma de ver la situación. Puedo adoptar una versión nueva, una que me pudiera pasar si hubiese estado en otras circunstancias, si me hubiera encontrado indispuesta, enferma, enojada, por ejemplo. Las posibilidades son múltiples. El perdón nos permite vernos de manera individual para ver al otro en iguales condiciones de valor y dignidad, por tanto, merecedor de la bondad, el amor, la belleza, la abundancia universal en todo momento. Aunque es muy difícil perdonar algunas cosas, para algunos es imposible.

El tema del perdón es muy necesario hoy en día. Vemos relaciones rotas, ambientes de trabajo competitivos en lugar de colaborativos, comunidades enfrentadas y en general, una sociedad quebrantada por el odio, el resentimiento y los deseos de venganza. Lamentablemente no hemos sido suficientemente creativos en la forma de resolver nuestras diferencias y nuestro lenguaje muchas veces es agresivo, reaccionamos de manera violenta y nos falta una mirada compasiva hacia el otro aun en lo más trivial y cotidiano. Se ha perdido el valor sagrado del respeto por vida humana y por la integridad física y moral del otro. Nos hemos visto abocados a centrarnos solo en nuestro bienestar personal, sin darnos cuenta de que somos siempre parte de una comunidad familiar y social. Nos cuesta aceptar las verdades de otros, validar sus pensamientos diversos.

¿De qué se trata el perdón?

El perdón es la acción en la que una persona decide cambiar su forma de reaccionar frente a otra cuando esta ha hecho algo que considera que le perjudica y renuncia a tomar acciones de venganza u odio. Se otorga gratuitamente, aunque el otro no lo merezca, aunque el otro no lo haya pedido, aunque el otro no esté presente. Es una decisión personal, con beneficios personales de liberación y paz interior.

Sería bueno hacer claridad en varias cosas:
- Perdonar empieza por saber que somos personas que merecemos ser tratadas con respeto.

- Es muy importante reconocer que las actitudes de otros nos hieren, cuando nos tratan sin consideración. Tenemos derecho a sentirnos dolidos, furiosos y resentidos. Es indispensable que no neguemos nuestros sentimientos ni que olvidemos las ofensas.

- El perdón no implica amnesia, no podemos obligar a nuestra memoria a olvidar lo que nos pasó. Transformar el recuerdo para que se convierta en crecimiento, compasión y deseo de hacer el bien sin necesidad de venganza.

- El perdón no significa que no se haga justicia ni que el ofensor no pague por lo que hizo. El perdón nos pide pensar de otra manera la justicia para que no se perpetúe el castigo, para reparar y transformar, para devolver a la sociedad sujetos, tanto víctima como ofensor, reparados, fortalecidos y útiles, para ayudar a crear un mundo mejor para todos. Puede haber muchas formas de pagar sin que sea ojo por ojo y diente por diente.

- Perdonar no requiere tener que aguantar los malos comportamientos del otro, ni necesariamente la reconciliación ni tener que vivir con el que nos ofende. Tampoco es pasar la página aceptando y condonando todo lo que hace el otro.

Poner límites adecuados es muy importante en relación con el tema del perdón para no perpetuar conductas que puedan dañar nuestra integridad. Los límites vienen del autoconocimiento, de saber lo que queremos, lo que necesitamos, lo que aceptamos o lo que va en contra de nuestros valores, lo que no es negociable en una relación o un estilo de vida. Es darnos tiempo para cuidarnos, para hacer lo que nos gusta y hacer respetar nuestros espacios. Es también reconocer nuestras emociones y las del otro. Es también comprometernos solo cuando honestamente podemos cumplir y sentirnos en libertad de decir no cuando algo no es para nosotros, cuando nos hace sentir mal, incómodos o cuando realmente no podemos hacerlo. Con sinceridad y sin remordimientos. Nos impulsa a empoderar a los demás, darles la libertad de hacer sus cosas y de hacerlas a su manera también. Si yo hago las cosas por ellos, seguirán sin responsabilizarse por sus compromisos y yo me estaré sobrecargando de actividades.

Poner límites nos abre espacios para conversaciones since-ras, honestas e importantes con todos los miembros de la fa-milia, compañeros de trabajo o amigos. Nos permite decir lo que pensamos sin temor, pero también recibir con flexibilidad y amplitud de pensamiento lo que otros tienen que decir. Es también saber que podemos cambiar de opinión y eso está bien.

¿Qué relación tienen el perdón y la aceptación personal?

Ante todos los temas que nos enfrentan con el error, con el fracaso, con la ruptura, está presente el perfeccionismo, ese deber ser, lo que se espera de nosotros y que nos impide ver-nos en nuestra vulnerabilidad de seres humanos. ¿Queremos ser perfectos, llevar relaciones perfectas, exigirle al otro que sea como nosotros queremos que sea, que conciba el mundo como nosotros lo vemos? Cuando juzgamos con una vara muy alta al otro y a nosotros mismos, nos perdemos algunos regalos como ver quiénes somos en realidad, aprender y co-rregir y estar en constante cambio y desarrollo. Las decisiones basadas en las conveniencias y las apariencias no van de acuerdo con el amor personal y la autoestima.

Entonces se vuelve relevante el perdón a uno mismo, por haber dejado que pasara una situación que nos hacía daño, por haber sido dependientes, por no haber puesto límites ade-cuados, por haber vendido nuestros principios y nuestras convicciones por obtener tranquilidad, por culparnos cons-tantemente y así justificar las acciones del otro y tanto más.

Para poder amar y amarse, antes somos nosotros mismos. Perdonarnos nos permite volver a ser y aceptarnos y amarnos, a pesar de todo. Implica saber que, aunque queremos ser mejores cada día, es necesario trabajar en ello y que tendremos dificultades mayores en unas áreas de nuestra personalidad que en otras. Fallaremos muchas veces, fracasaremos muchas más. Contemplemos que, al dar vida a una idea, puede ser que no salga bien y sea necesario empezar una y otra vez. Que nuestra perseverancia tal vez decaiga, que haya días en que la pereza nos gane, pero que siempre nuestra voluntad será más fuerte y podremos oponernos a todos los retos que se nos presenten si actuamos dirigiéndonos hacia lo que es más valioso.

¿El perdón implica reconciliación?

Cada caso es único. El perdón no exime de que se haga justicia. Lo que pasa es que muchas veces la sola justicia no sana un corazón herido y el perdón es la sanación y la liberación. Muchas veces nos sentimos reacios a perdonar porque pensamos que eso significa tener que reconciliarnos con quien nos ha hecho mal, aceptar sus comportamientos y continuar con el sufrimiento. Nada de esto es cierto. Son procesos diferentes, el perdón es gratuito, pero la confianza para restaurar una relación debe ser ganada. Es decir que podemos perdonar sin reconciliarnos, pero que el perdón podría ser un paso que lleve a la reconciliación.

Para poder reconciliarnos con quien nos ha perjudicado, necesitamos procesos y las garantías necesarias de que jamás se repetirá la misma experiencia. Necesitamos la reparación, límites claros y unas condiciones específicas que no siempre son posibles.

La reconciliación abre un abanico de posibilidades: desde un pacto de no agredirse, mantener un diálogo cortés, pero permanecer distantes, hasta realizar algunas actividades comunes sobre todo cuando hay hijos o proyectos que requieran la presencia de ambas personas, pasando por la construcción de una relación totalmente nueva, basada en el amor, el respeto y la entrega recíproca. El perdón también es posible también cuando la persona ha fallecido y nos libera de los remordimientos de haber dejado pendientes en vida y es muy recomendable realizar actividades de perdón simbólicas para sanar heridas profundas.

El perdón es un proceso que nos impulsa a ver la bondad en la otra persona. Esta idea nació del trabajo durante 20 años de investigación del Dr. Robert Enright. Tuve la suerte de hacer un curso de dos años con este ilustre psicólogo y sus colaboradores en la Universidad de Wisconsin en Madison, Estados Unidos para ayudar a las personas a perdonar[7]. Este equipo se ha centrado en demostrar en qué consiste el perdón, lo que le pasa a la persona una vez perdona y como se evidencia la reducción en la ira, los deseos de venganza, la ansiedad y otras emociones relacionadas, además de la capacidad de

---

7 Enright, R. Fitzgibbons, R (2010) Helping clients forgive – an empirical guide for resolving anger and restoring hope. Washington DC.

las personas de perdonar las situaciones más difíciles. Su trabajo también se ha desarrollado en países afectados por la guerra, genocidios, crímenes atroces para restaurar la esperanza de una paz duradera.

Pasos que ayudan al perdón:

- **Contar la historia tantas veces como sea necesario.** Si hiciste el ejercicio del capítulo anterior, ya empezaste a elaborar parte de tu sanación interior. Cada vez que lo hablamos o lo escribimos resulta más fácil hacerlo, se ven diferentes ángulos del problema, surgen diferentes recuerdos y los sentimientos se van modificando. Nuestra historia evoluciona al igual que nuestra aceptación, nuestro juicio y el dar sentido al sufrimiento. Contar la historia nos une, no nos aislamos ni sufrimos solos. Admitimos el daño que hemos sufrido y lo ideal sería contarla frente a quien nos hirió. Para que esa persona escuche la forma en que nos hizo sentir, el dolor que causó y el sufrimiento que nos ha hecho pasar. Algunos ni siquiera sabían que nos habían herido, otros podrán expresar su remordimiento y algunos expresarán su deseo de ser perdonados. Contar la historia lleva a la compasión, la empatía es contagiosa. Muchas veces al ver que el otro ni siquiera piensa que hizo mal, nos damos cuenta de que no hubo una mala intención, que tal vez actuó por ignorancia, por crianza, etc... pero no quiso hacernos mal. Eso hace que revaluemos nuestra relación con esa persona y le demos otra perspectiva. Decide a quien contárselo, comienza por los hechos, no tienen que ser de forma cronológica ni lineal admite tus sentimientos, cuéntale al ofensor, si no es posible en persona, escríbele una carta. Tampoco la tienes que entregar si no te sientes seguro. Es el símbolo de hacerlo, de sacar lo que tenemos dentro. Puedes quemar tu escrito después despidiéndote de ese rencor.

- **Nombrar la pena hasta que deje de atravesar el corazón**. A veces no sabemos exactamente qué es lo que duele. No podemos expresar el sentimiento o la emoción que nos causa cuando solo sentimos rabia. Lo primero es reconocer nuestros sentimientos y también contemplar la dignidad que sentimos perdida, mancillada, la humillación que nos causa. O tal vez la vergüenza de haber reaccionado de la forma en que lo hicimos, o de haber humillado peor, la impotencia que sentimos al no poder actuar de diferente forma. La ira no controlada. Nombrar la ofensa nos lleva a hacer el duelo al sentimiento que tenemos. El duelo nos permite expresar el sufrimiento. Cuando llegamos a la aceptación, entendemos que las cosas han cambiado, que somos vulnerables y que nada será como antes, pero que somos libres de las cadenas del odio y el rencor.

- **El perdón es el camino hacia la curación porque nos conduce a reconocer la humanidad compartida.** Es ver lo que sale de bueno en cada hecho malo, oportunidades de cambio, vida nueva. Desear el bien o por lo menos no desear el mal. La opción de perdonar nos hace héroes responsables de nuestro propio destino, de ser generosos e indulgentes. ¡Una víctima, no tiene esa opción! seguirá sufriendo eternamente. Esa decisión, da paz interior, nos recarga de la humanidad que todos poseemos. Reconocer la humanidad compartida es reconocer que todos somos vulnerables, débiles, que cometemos errores. Podemos observar el contexto en el que ocurren las cosas y así comprender, no justificar, sino entender y ver desde otra perspectiva. Perdonar no significa que nada mágico obre en el otro. Cuando revisamos la sinceridad de nuestra decisión también podemos recordarnos que nada de lo que hagamos necesariamente cambiará al otro.

- **Terminar o renovar la relación.** Renovar una relación es un acto creativo. Producimos una relación totalmente nueva. Debemos reconocer nuestra responsabilidad en el conflicto y asumirlo. No somos simples espectadores de lo que sucede en el mundo y a nuestro alrededor. Al decidir renovar una relación, tenemos que expresar lo que necesitamos para que esto se dé. Renovar no es lo mismo que restaurar lo que hayamos perdido. Al renovar, nos colocamos en un espacio y una relación totalmente nuevos, a partir de nuestro sufrimiento y muchas veces más fuerte por lo que ha tenido que pasar. Si no obtenemos lo que necesitamos para renovar, tal vez se deba terminar. Y esto significa que debe salir de nuestra cabeza y nuestro corazón definitivamente, sacarlo de nuestra vida.

Algunos pensamientos para perdonar:

- Tomar la decisión de tener una actitud de perdón cada día. Como el perdón es una habilidad que se va adquiriendo, cuanto más la practiquemos, mejor nos saldrá.

- Para hacerlo más consciente, te sugiero llevar un diario de perdón, puede ser el mismo que el de la gratitud, solo lo divides en la mitad y cada día anotar algo que perdonamos de alguien o de nosotros mismos.

- Perdonar lo más sencillo, hasta que se convierta en algo habitual. Lo más sencillo puede ser que el cajero del supermercado fue odioso, que alguien me echó el carro encima o tal vez que no dije lo que quería decirle a alguien. Si vamos perdonando lo pequeño, nos será más fácil perdonar lo grande.

- Apaciguar el enojo inicial antes de actuar. Dar tiempo a que baje el *shock* inicial por medio de técnicas de respiración, abandono de la escena, contando hasta cien, etc.

- Ver la situación desapasionadamente, con objetividad. Muchas veces transformamos la realidad de lo que está ocurriendo, adornándola con todo un bagaje de recuerdos dolorosos y heridas abiertas.

- Imaginar las circunstancias por las que puede estar pasando el otro y que lo pudieron llevar a actuar de determinada manera, sin necesidad de excusar su actitud.

- Recordemos que el perdón no es fácil, pero sí es posible.

- No hay ofensa demasiado grande. El mundo está lleno de ejemplos de perdón de lo imperdonable, la pregunta sería si yo estoy dispuesta y soy capaz de hacerlo. Sin juicios.

- Perdonar no es olvidar sino transformar el dolor y el recuerdo de tal manera que sea yo quien tenga paz interior. No se trata del otro, sino de mí.

Perdonar es un acto de amor propio. Pero también es un acto de amor universal. Pedir perdón a la madre tierra y hacer todo por reparar el daño que le hemos hecho multiplica la abundancia que ella nos regala. Igualmente, cuando pedimos perdón o perdonamos a alguien, se multiplican las acciones de paz en nuestra comunidad.

M. tuvo un noviazgo lleno de banderas rojas que siempre justificó porque no se consideraba bonita ni inteligente. S. la quería, así que se consideraba afortunada. Pero en realidad, las críticas eran el pan de cada día. Ella las recibía con gratitud, porque eran oportunidad para cambiar y ser mejor persona. Al casarse todo empeoró, pero solo al tener a su primer hijo, M. se dio cuenta del maltrato que sufrían ambos por parte de S. Llegó a pegarle al bebé y ese fue el momento en que ella decidió dejarlo. S. le insistió para que volvieran y ella decidió perdonarlo y volver. La situación se repitió varias veces.

En uno de mis talleres de «Perdón y límites» al que asistió, se dio cuenta del concepto equivocado que tenía sobre el perdón, creyendo que se le pedía poner la otra mejilla cuantas veces fuera necesario ya que ella se había casado para toda la vida. Cuando entendió los alcances del perdón y que no significaba tener que reconciliarse ni vivir y aguantar el maltrato de S., logró hacer un proceso que le dio paz a ella. Pudo entender que S. no tenía intenciones de cambiar. Ella quería trabajar en su amor propio y que el perdón fuera para ella misma primero. Ya no podía permitirse que el perdón pasara por encima de su valía personal. Necesitaba compasión por sí misma y perdonarse haber dejado que la situación se intensificara hasta poner en riesgo a su hijo. Puso las restricciones adecuadas ante la policía para que él no pudiera acercarse más a ella y su hijo, los límites con su familia que la juzgaba y se hizo dueña de su vida, no sin dificultades, pero sí en libertad.

Perdonar es un proceso en espiral, no es lineal. Aunque tomemos la decisión de perdonar y trabajemos en un proceso juicioso, vamos avanzando poco a poco y daremos pasos hacia atrás y hacia adelante. Muchas veces nos veremos deseándole lo peor a la otra persona cuando ya se suponía que la habíamos perdonado. La realidad es que vamos mejorando poco a poco hasta que llega un día en que lo logramos.

PARA RECORDAR

- Una actitud cotidiana de perdón es una forma creativa de transformar nuestra mirada hacia los demás por una de compasión y así resolver nuestros rencores de una manera diferente.

- El perdón nos ayuda a sanar nuestro corazón herido, a mejorar la autoestima y a hacernos conscientes de que somos capaces de tomar las riendas de nuestra propia vida partiendo de reconocer que merecemos ser tratados con respeto.

- El perdón nos libera de las cadenas de la ofensa y la culpa y nos abre posibilidades de ver la vida de una manera más abierta, resignificando el dolor, desde un estado de paz interior. El perdón es un acto de amor propio.

MOMENTO DE REFLEXIÓN

Con estas preguntas, puedes reevaluar tu concepto sobre el perdón y hacerte consciente de los rencores que puedas traer de tu pasado.

- ¿Qué es lo que sientes cuando escuchas la palabra «perdonar»?

- ¿Después de haber profundizado un poco sobre el perdón, en qué áreas de tu vida podría estar afectándote algún resentimiento no resuelto?

- Te invito a iniciar tu diario de perdón con situaciones cotidianas. Analiza: ¿Cuál es el verdadero problema? ¿Cómo te hace sentir esta situación? ¿Qué otras situaciones en el pasado te han hecho sentir de esta forma? ¿Qué es lo que en realidad te parece inaceptable de lo sucedido? ¿Qué es lo que tú necesitas? ¿Qué le pudo pasar al otro para haber actuado de esa manera?

- Si sientes que te has estancado, puedes pedir ayuda para elaborar un liberador proceso de perdón.

CAPÍTULO 10. ACERCARSE A LA MUERTE SIN TEMOR

«La muerte solo puede causar pavor a quien no sabe
llenar el tiempo que le es dado para vivir»
El hombre en busca de sentido, de Viktor Frankl

Siempre pensé que iba a morir joven. Imaginaba que sucedería a los cuarenta años, no tengo ni idea de qué me había empujado a esta conclusión. Antes me apresuré a hacer todo lo que pude: estudiar, trabajar, tener una carrera, casarme y tener hijos. ¡Qué cansado!

Ya en mi adolescencia pensaba mucho en la vida y hablaba de la muerte con naturalidad, la consideraba constantemente. No me parecía que fuera un tema extraño, pero cuando lo intentaba hablar con alguien, me daba cuenta de que mis pensamientos no eran los de la mayoría. El tema provocaba connotaciones oscuras y un rechazo general. Yo solo podía resolver mis dudas en los libros y la mayoría, desde la religión y en los últimos años de colegio y los primeros de universidad, desde la filosofía.

Aun hoy pienso en la muerte cada día. Al dormir me muero un poco y al despertar vuelvo a nacer. La tengo presente y entonces, veo cada día de vida como un regalo y otra oportunidad, pues ya he vivido quince años más de los que yo me tenía presupuestados en mi juventud.

Cada uno de nosotros se aproxima a la muerte de diferente manera. La educación influye mucho en la manera en que nos acercamos a este tema, sea con temor, cercanía o calma. No podemos saber cuándo ni cómo llegará. Genera mucha incertidumbre. Y siempre nos quedará la sensación de que nos ha faltado vivir.

Si nos detenemos unos minutos en las hojas de los árboles en las estaciones, aquellas que no son perennes como la mayoría que tenemos aquí por la continuidad del clima, podemos apreciar el valor del tiempo de cada cosa. Personalmente me gusta pensar que moriremos cuando sea el tiempo propicio. En los árboles verificamos su ciclo de vida muy verde en la primavera y verano para poco a poco ponerse amarillas, anaranjadas, ocres y morir en invierno, dejando pelados y grises los árboles. Me encantan las estaciones y especialmente el otoño y sus colores, que son mis favoritos. Las hojas mueren, pero no el árbol que renacerá en la primavera en todo su esplendor. Para mí la muerte implica también un renacimiento en otro plano que no conozco y eso me causa mucha curiosidad.

Negar la muerte, darle connotaciones catastróficas y pensar que es mala suerte conduce a muchos problemas de ansiedad, en primer lugar. También nos lleva a tener dificultades para aceptar el paso del tiempo y la vejez. Sin importar las creencias individuales, no podemos escapar a la certeza de que vamos a morir en este plano terrenal. Al tener presente que en cualquier momento puede suceder, podemos apreciar más la vida y así conectarnos más con la forma en que queremos vivir.

¿Qué es lo que tememos cuando pensamos en la muerte?

La muerte nos enfrenta al final de la vida como la conocemos y nos confronta con nuestra finitud, con nuestra limitación en el tiempo y el espacio aquí en la Tierra. La muerte cuestiona a la vida misma. Tememos no saber qué va a pasar, que todo se apague. La incertidumbre nos asusta. Aunque las religiones han tratado de aclarar este tema y muchas personas escriben sobre sus experiencias de muerte, nos es difícil identificarnos y creer sin dudas razonables. Nos preguntamos si hay un nuevo renacer, si hay una vida eterna espiritual, si reencarnaremos, si resucitaremos. También nos preocupamos mucho por lo que pasará con quienes se quedan y con los que dependen de nosotros. También creo que tememos ser olvidados definitivamente. ¿Qué será de lo que hemos hecho? ¿Qué legado dejaremos? Pero hay más, también nos da mucho miedo el dolor y que tengamos un sufrimiento muy prolongado. Tememos lo desconocido.

Podemos ayudarnos de varias maneras. Una espiritualidad fuerte que contempla los temas existenciales como la soledad, el dolor, la vida y la muerte, nos permitirá afrontar estas cuestiones con más tranquilidad. Una vida bien vivida, sin pendientes, sin apegos, sin asuntos por resolver ni relaciones por reparar o palabras por decir, también nos aliviará. Y más allá, podemos plantearnos más posibilidades. ¿Qué pasaría si le damos a la muerte otra perspectiva, una más luminosa, menos lúgubre y pensamos en ella como un paso espiritual, de nacimiento a una vida eterna gozosa? ¿Qué pasaría si habláramos de ella con naturalidad, quitándole ese halo de misterio? ¿Qué pasaría si en lugar de celebrar un funeral y estar tristes, celebráramos la vida y los recuerdos? En algunas culturas la muerte no se viste de negro sino de color y celebración. ¿Será nuestro temor a la muerte susceptible de cambiar por un anhelo de nueva vida? No sé si sería posible un giro tan radical en nuestro acercamiento cultural a la muerte, pero podemos determinar la medida en que nos afecta.

Para mí, la muerte es simplemente algo que debe suceder y la he tomado por el lado práctico y natural. No me es difícil hablar de ella con mis hijos. Lo hacemos frecuentemente, nos preguntamos, comentamos nuestros deseos y todo lo que surja. Trato de tener todo organizado, de decirles siempre donde tengo mis bienes, tratando de simplificarles el trámite. Intento no tener demasiadas cosas en mi casa para no dejarles la carga de tener que disponer de todo. Ellos saben que no quiero esfuerzos innecesarios para conservar mi vida y que preferiría donar mi cuerpo a la ciencia o en su defecto, donar todos los órganos posibles que sirvan para alguien más. Aun así, me es más fácil hablar de la muerte de otros que de la mía propia. Creo que tiene mucho que ver mi suerte, ya que en realidad nunca me he enfermado y no he tenido ninguna cercanía personal con la muerte. Pero también he compartido vivencias de quienes pasan por experiencias cercanas a ella y se la han topado de frente, parecen aceptarla mejor y haberle perdido el miedo, tienden a vivir una vida más plena y significativa.

Anita Moorjani nos ha dejado un hermoso testimonio. Es una autora británica que recoge su experiencia con la muerte en su libro *Morir para ser yo.* Sufrió un linfoma y luchó contra la enfermedad durante cuatro años hasta que todos sus órganos fallaron y tuvo una experiencia de muerte. Esta vivencia le permitió darse cuenta de que en realidad era profundamente amada. También vio muy claro que tenía aún una misión y que no era necesario temer nada porque estaba sostenida por el amor. Sobrevivió y ha compartido su experiencia en ese libro.

Para aprender a vivir es indispensable pensar en la muerte. Todo esto compromete nuestra actitud hacia ella y la forma en que decidimos enfrentar la vida, desarrollarnos y enfermar. El Doctor Irvin Yalom es uno de los estudiosos del tema de la muerte y su relación con las neurosis psicológicas. Es un psicólogo norteamericano, profesor de la Universidad de Stanford que defiende que la muerte es uno de los grandes temas existenciales. Se dedicó a tratar el temor a la muerte en su práctica clínica, en él mismo y en grupos de apoyo. Para él, el temor a la muerte nos lleva a paralizarnos, a no vivir en vida. En su libro *Psicoterapia Existencial* comenta: «La vida y la muerte son interdependientes, existen de forma simultánea y no consecutiva. La muerte late continuamente bajo la membrana de la vida y ejerce una enorme influencia sobre la experiencia y la conducta. Es una fuente primordial de angustia». Pero también señala la ansiedad que produce y recomienda que no se debe reprimir, ya que es un motor para despertar y hacer algo diferente. Si no la dejamos salir, buscará su expresión, y puede que lo haga a través de pesadillas o patologías.

La muerte nos interpela a revisar la forma en que vivimos cada día en lo que nos corresponde de manera personal. Me gusta ver la muerte a la cara, aunque no me gustan ciertas cosas de ella como los olores, el cuerpo ya sin vida, lo relacionado con quien ya no es y antes sí era. Tampoco me gusta la soledad de la muerte personal y la soledad de quienes quedan. Es un dolor que, aunque se esté acompañado, solo se puede vivir de forma individual. En el capítulo sobre el sufrimiento analizaba las habilidades de resiliencia, conviene recordarlas porque nos ayudan para poder decir sí a la vida y esperar a que la muerte llegue cuando sea su momento.

Morir, renacer, vivir más

Abrazar la angustia que nos produce lo desconocido y aliviarla planeando lo que sí es posible planear. El resto, no lo controlamos. Somos seres libres que tomamos decisiones y respondemos por ellas. Podemos tomar la opción por la vida, pero también podemos decidir voluntariamente morir. El suicidio es una opción por la muerte. El tema de buscar la muerte voluntariamente sigue siendo un tema tabú, más que el tema de la muerte en sí, por el estigma social y religioso que carga. El suicidio es un enigma que asusta y se mantiene en un silencio que alimenta el miedo. La vida no es perfecta y es difícil tener todo al cien por ciento. Pero cuando se busca morir probablemente es que ya no se encuentran respuestas ni motivos para vivir. Es muy íntimo. Para mí es una decisión misteriosa y respetable.

Si tuviéramos presente que cada día podría ser el último, ¿cómo lo viviríamos? Tal vez preguntarnos esto diariamente provocaría que viviéramos con mayor intensidad. Quizás podríamos aprovechar cada minuto para lo importante, impidiendo que muchos problemas nos quitaran la paz interior. Es posible que nos diéramos cuenta de que nada en realidad es tan grave y nos ubicaríamos en el presente. Así se abrirían posibilidades para resolver temas del pasado para no tener nada pendiente con nadie, esto no nos dejaría preocuparnos sin necesidad del futuro. Podría impulsarnos a cambiar nuestras prioridades para que viéramos la vida de forma diferente. Nos volveríamos más compasivos y humanos. Se abrirían cambios internos, se valorarían más la paz interior, los vínculos profundos y significativos, la relación con nuestro entorno y la naturaleza, la espiritualidad.

La manera que queremos vivir en el mundo y relacionarnos con nuestra existencia está directamente relacionada con cómo queremos morir. Cada día estamos muriendo a lo que hemos sido antes. Morimos de muchas maneras simbólicas cada vez que experimentamos una ruptura, una pérdida o un dolor con su sufrimiento aparejado. En los momentos de crisis, transición y crecimiento dejamos algo atrás, morimos respecto a quienes éramos. Y en cada una de esas ocasiones renacemos a algo nuevo. Nadie puede morir por nosotros. Y nadie puede vivir por nosotros. Así que la muerte nos lleva a responderle a la vida y ¿qué mejor que eso para encontrarle el sentido?

Algunas ideas para empezar a familiarizarnos con la muerte:

- Vivir como si nos fuéramos a morir, aunque suene a cliché, significa decir lo que pensamos realmente, expresar nuestros sentimientos, poner nuestros límites, disfrutar de lo que nos gusta y hacerlo todo de manera consciente.

- No dejar para mañana las palabras, los actos, lo que queremos ser ni la huella que queremos dejar. Cuantas veces posponemos para cuando se den ciertas condiciones que nunca llegan. El lecho de muerte está lleno de «si hubieras», de intenciones que se han quedado en eso, de remordimientos y arrepentimientos.

- Mantener organizada nuestra vida material, tener nuestros asuntos como si nos fuéramos morir esta misma noche. Preguntarnos: ¿qué es lo que necesito realmente?

- Ser agradecidos todo el tiempo hasta en lo más mínimo. No dar por sentado nada. La vida es un regalo. Amanecer respirando cada día es un milagro.

- Leer sobre la muerte. Te recomiendo *En la tristeza pervive el amor*, de Elisabeth Lukas. Además, *El libro tibetano de la vida y la muerte*, de Sogyal Rimpoché, *Mirar al sol* de Irvin Yalom. Y te recomiendo los autores que se han especializado en este tema como Elisabeth Kübler–Ross, Isa Fonnegra de Jaramillo, Elsa Lucía Arango y tantos otros. Lo importante es acercarnos a su comprensión.

- Hablar sobre la muerte y nuestras creencias personales con otras personas. Hacernos amigos de la muerte para que no sea una palabra prohibida ni un tema tabú, sino una ocasión para vivir mejor y para celebrar la vida.

- Tener nuestras relaciones resueltas de tal manera que podamos partir sin remordimientos. Este es un buen consejo para una vida en paz también. No dejar nada por hacer para que no se convierta en un lastre a la hora de la muerte.

- Hablar con nuestros seres queridos de nuestras preferencias al momento de enfermar y morir. Hasta qué punto queremos ser atendidos medicamente, cómo queremos que se disponga de nuestro cuerpo, qué ritual preferimos tener o si no queremos ninguno, etc.

Al inicio de la pandemia, llegó a mi consulta M., una mujer de 67 años, con hijos adultos y varios nietos. Estaba sufriendo ataques de pánico suaves que acrecentaban su temor a morir. Le tenía terror a contagiarse y que el virus afectara a su esposo que tenía una condición cardíaca delicada. M. sentía la muerte como una amenaza, algo oscuro que no debía ser nombrado a riesgo de atraerla. En las sesiones le costaba mucho trabajo pensar siquiera en la posibilidad de la muerte. Justo entonces su esposo sufrió un infarto. Se salvó y salió adelante, pero ella sufrió demasiado. A pesar de todo, fue valiente y comenzó a acercarse a las posibilidades de muerte de él, de sus hijos, de sus seres queridos e inclusive a la suya. No fue nada fácil, pero logró incluir el tema en su vida. Llegó a sentirse capaz de planificar cosas prácticas para su funeral, para sus cuidados en caso de enfermedad terminal. Comenzó a familiarizarse con el tema mediante lecturas y hablando sobre sus creencias y sus miedos. Se dedicó a escribir sus pensamientos en un diario. Poco a poco los ataques de pánico fueron desapareciendo.

En mi taller «Sobre las arrugas y el futuro» hacemos actividades muy iluminadoras y una de ellas consiste en una lluvia de ideas sobre los temores de envejecer. La mayoría de las aportaciones a lo largo de las convocatorias son sobre la muerte y las dificultades de salud y compañía. Planeamos diferentes actividades para acercarnos con herramientas prácticas al momento. Una de las más sencillas y determinante consiste en hacer una lista de cosas para antes de morir y que no nos quede nada pendiente. Cada año sucede lo mismo, la mayoría de los asistentes se enfocan en reparar relaciones rotas. Ante la inminencia de la muerte, dejamos nuestros «haceres» de lado para centrarnos en los «seres» más importantes.

Para recordar

- La muerte es uno de los temas a los que más tememos, nos enfrenta a lo desconocido y a nuestra incertidumbre sobre lo que pasará.

- Tratamos de ocultarla. No la mencionamos como si al negarla la hiciéramos desaparecer. Pero lo único que causamos son problemas muy profundos que se manifestarán de una u otra forma en episodios de ansiedad, angustia, ataques de pánico o depresiones.

- Podemos reducir los efectos que produce la muerte en nosotros si la hacemos nuestra amiga, podemos investigar sobre el tema, hablar de nuestras creencias al respecto con otras personas, hacerla cercana y presente.

- Nos ayudará conducir una vida significativa que deje huella, mantener nuestras relaciones y asuntos en orden y no tener asuntos pendientes a la hora de partir.

Momento de reflexión

Me gustaría invitarte a una reflexión muy íntima. De esta manera tomarás conciencia sobre los sentimientos que te causa este tema.

Si te dijeran que te queda poco tiempo de vida, un par de semanas:

- ¿Qué harías en ese tiempo?

- ¿Qué relaciones quisieras reparar, afirmar, despedir?

- ¿Qué crees que te quedó por hacer o decir?

- ¿Qué crees que dirían las personas de ti, cuál sería tu epitafio?

EPÍLOGO
VISLUMBRAR SIEMPRE NUEVAS POSIBILIDADES Y HACER QUE VALGA LA PENA VIVIR

«El fruto del verdadero esfuerzo, el amor dado y correspondido, la participación en la grandeza humana, la entrega a un ideal o un gran acontecimiento, todo ello señala una dirección inequívoca: no tiene sentido porque hace feliz, sino hace feliz porque tiene sentido».

Aforismo de Nicolai Hartmann[8]

En las páginas anteriores hemos visto que hay diez herramientas para dar con el sentido de la vida. No son lo único. También hay muchos consejos puntuales cuya práctica nos

---

8 Citado por Lukas, E. (2006) *Ganar y perder*. Barcelona: Paidós.

ayuda a vivir una vida más consciente, deliberada y conectada. El resultado es una vida plena de sentido y feliz. Tal vez no sea mucho lo que hay que hacer, sino simplemente ser conscientes de lo que podemos ser.

Recomponer la vida es un camino largo para todos, lo fue también para mí. Hay subidas empinadas, caídas y recaídas, también hay trechos serenos con la calma del viento a favor. Cada tropiezo y cada dificultad me fueron dando las herramientas que he mencionado en las páginas anteriores. Así he alcanzado mi vida plena y feliz. Comparto toda esta experiencia, mi conocimiento y todo lo que he aprendido, porque sé que está al alcance de todos. Como todo proceso es un paseo por la vida. Se hace paso a paso, haciendo el trabajo por partes. Así, a medida que vamos conectando con la vida, la disfrutamos más y la experimentamos con más intensidad. No tiene fecha de caducidad ni tiene plazos de tiempos específicos. Practicamos esta nueva manera de andar por la vida y vamos adquiriendo habilidades y percibiendo cada uno de sus beneficios. Nos damos cuenta de que cada día sale de nuevo el sol que brilla para todos mientras nos abriga con su luz y calor. La luna y las estrellas están ahí para cada uno de nosotros, aunque no fuéramos conscientes de sus efectos sobre nosotros y nuestro cuerpo. Podemos avanzar por nuestra vida al ritmo del universo. Vivimos hoy. Mañana, ya veremos.

Estas herramientas no son de uso automático porque nosotros no lo somos. Antes es importante saber cuál es la mejor de cada momento y saber qué necesitamos. Para lograrlo hay un único camino: escucharnos. Yo encontré tres maneras de lograrlo: la meditación, el desapego y el silencio. Estas tres acciones permiten afinar la consciencia y tomar contacto con lo que es verdaderamente importante para nosotros. El silencio nos capacita para conectar con los sentidos, escuchar mejor, ser más observadores, sentir más profundamente. La meditación nos ayuda a eliminar la basura de la mente, hacer espacio y ver nuevos caminos. El desapego nos impulsa a tomar decisiones de forma libre, autónoma y responsable con la vida.

Tengo una excelente relación con el silencio. Se ha convertido en uno de mis mejores amigos. A medida que ponía en práctica todo esto, me iba volviendo más consciente del estorbo que ocasiona una mente rumiante, llena de pensamientos que no conducen a nada y nos llevan a tener una actitud derrotista que nos estanca. Tomé la decisión de adentrarme en el estudio del silencio. Me dediqué a leer y practicar con todos los libros y maestros espirituales que iba conociendo. La meditación y la oración se convirtieron en una práctica diaria que acompañaba a la del silencio. Me he acostumbrado a contemplar la naturaleza y sus sonidos, sus colores, olores, movimientos y me siento más parte de mi entorno. Lamentablemente, a las personas que vivimos en ciudades grandes se nos va olvidando poco a poco que estamos conectados con todo lo que nos rodea, por pequeño que sea.

Mi relación con el desapego ha sido diferente. Al principio, me puse el objetivo de reducir la parte material de mi vida. Me dediqué a estudiar sobre el minimalismo. Al final, me di cuenta de que el desapego es mucho más que lo material porque lo que más nos complica la vida son los apegos afectivos. Pero no era nada sencillo. Me hacía muchas preguntas sobre cómo lograr vivir desapegados. ¿Cómo diferenciar amor y apego y tantos otros términos que tenemos mezclados hoy en día? Es natural apegarnos a todo: la familia, los padres, los hijos, las parejas, los amigos. También es necesario desatarnos para dejar que prevalezcan los lazos verdaderos. Es un trabajo de consciencia y determinación en todos los campos de nuestra vida. El desapego es libertad.

Mientras escribo hago un repaso mental y me doy cuenta, una vez más, de que una mente abierta para poder ver las dificultades, los problemas y las crisis como oportunidades de transformación nos ayuda a crecer. Compartir todo esto con cada uno de mis lectores me ayuda a alcanzar una actitud diferente y más trascendente. Es lo que pasa al compartir la experiencia del sufrimiento inevitable que producen la enfermedad, la pérdida y la muerte. La esperanza está ahí para darnos la mano y nos ayuda a ver caminos que se abren. No siempre es sencillo, pero a medida que vamos soltando miedos se va volviendo más evidente lo que vamos necesitando para tener éxito en lo que nos proponemos. Vemos más y mejor lo que queremos, despertamos más lo que es importante y valioso para nosotros.

Antes de finalizar, me gustaría compartir contigo todo cuanto he aprendido gracias al silencio, el desapego y la meditación.

El silencio

Es conexión pura, honesta y clara, necesaria para saber quiénes somos y hacia dónde vamos. Si no nos volvemos al silencio, nos será muy difícil escuchar nuestra voz interior, nuestro entorno y a los demás. Todos podemos reconocer cuán difícil es sentir el silencio en medio de las actividades cotidianas, vivimos en medio de mucho ruido. Te garantizo que una vez que te sientas cómodo regalándote oportunidades para escucharte, ya no podrás volver al ruido impunemente.

Hay muchos tipos de silencio: del cuerpo, de nuestros actos, de nuestra mente. Empieza por tener una mente sin prejuicios, sin prevenciones, una mente que reconoce que no sabe nada y, por lo tanto, siempre está abierta a oportunidades y posibilidades. Así se acallan las certezas que creemos tener, los juicios que hacemos, los pensamientos desordenados. El silencio de mente, cuerpo, actos, y de los sentidos nos ayuda a encontrar la calma, nos ilumina, nos abre a escuchar lo profundo de nuestra intuición. El silencio es ausencia de palabras en nuestra boca, nuestros oídos y en nuestros pensamientos. Podemos practicarlo cuando hablamos lo indispensable, cuando sabemos callar o escuchar con intención, cuando purificamos la mente y damos espacio a lo que hay en nuestro corazón. Nuestro cuerpo está en silencio cuando aprendemos a sentir y escuchamos nuestras emociones a través de las respuestas corporales. También abrazamos el silencio cuando observamos y dejamos que las cosas fluyan. Podemos ser presencias silenciosas. Podemos hacer que la vida cotidiana no sea rutina sino ritual.

El silencio de nuestros actos se activa cuando interactuamos con nuestro entorno, con la naturaleza o con los animales. Silenciar nuestros actos significa volver a lo sencillo, a tener únicamente lo que necesitamos, a respetar y no acaparar ni apropiarnos de cuanto está a nuestro alcance como si fuéramos dueños del mundo.

El desapego

Es saber que nuestra felicidad no depende de nada externo. Es una actitud ante la vida, una filosofía de vivir simple y sin complicaciones en la que cada cosa tiene su uso y su lugar, cada persona representa un vínculo significativo y las necesidades, metas y objetivos están alineados con lo que es importante para nosotros. Nos permite decidir con más claridad, desde lo que preferimos y ya no desde las carencias.

Muchas veces nos confundimos y creemos que desapegarnos es quitarle la importancia a alguien o algo o ser indiferente. Creemos que alguien desapegado no ama, no le importa lo que otros piensan y anda por la vida hiriendo, pero básicamente es lo contrario. Vivir desapegados es entender que todo es pasajero, que no podemos controlarlo todo, que los demás también son libres. Vivir desapegados es permitir al otro crecer, volar y tener su espacio propio.

La meditación

Es encontrar calma y paz interior aún en los momentos de turbulencia, es soltar el control y las preocupaciones. Es una actividad que nos pone a disposición de nuestra conexión interior. Allí encontramos el espacio para las preguntas importantes de la vida, para conectar con nuestra intuición, para ser conscientes de nuestro cuerpo y nuestros pensamientos. Es conexión para percibir lo valioso en las experiencias del amor, los vínculos significativos y todo lo que la vida nos ofrece.

La meditación nos impulsa a ver más y mejor. Si cambiamos la mirada, cambia el entorno. No es lo mismo ver la vida en blanco y negro, que verla en colores. Si tomamos todo como una lección de vida plena, incluso los problemas, la mirada cambia y ya no hay límites ni puertas que se cierren.

No importa en realidad el método que usemos para la reflexión, la meditación o la oración. Estas tres actividades facilitan disposiciones del alma que nos permiten encontrar nuestra paz interior y abrazarnos a una consciencia de unión con Dios, el universo y con la vida misma. He conocido personas que al practicarlas se convierten en verdaderas maestras de vida. Siempre me sorprende comprobar que se parecen en la serenidad contagiosa y la sonrisa que lucen. Tienen una mirada tranquila, maneras suaves y relajadas. Saben escuchar atentamente y se nota en su disposición corporal. No se enfrascan en discusiones. Aunque tengan su punto de vista, valoran siempre el de los demás. No alardean de sus logros y conciben el éxito de manera diferente dando importancia a otras cosas. Están altamente conectados con su intuición y le prestan atención con la confianza absoluta en que todo tiene un propósito y está bien.

Viktor Frankl en su libro *La voluntad de sentido* ya menciona cada una de estas características. Nos ayudan a vernos a nosotros mismos y escucharnos, a conocernos, comprendernos, proyectarnos a futuro, entregarnos al otro o a una causa, valorarnos en la diferencia y dejar una huella en el mundo. Lo logramos gracias al autodistanciamiento, salir de sí para vincularse con los demás. También al llevar una vida con sentido o autotrascendencia.

La vida no es fácil, muchas veces no es lo que esperábamos. De tanto en tanto, es importante hacer una pausa para encontrar el sentido. Vivir una vida con conexión, con intención y consciencia nos puede ayudar a vivirla de forma plena y feliz, de tal manera que al final podamos decir que valió la pena vivir.

GRATITUD TOTAL...

Gracias primero que todo a ti, por haber llegado al final de estas páginas. Si deseas enviarme un correo electrónico con tus reflexiones a partir de su lectura, serán muy bienvenidas y me serán de utilidad para futuras ediciones o libros: emilyatallah@gmail.com

Quiero agradecer especialmente a mis lectores beta Natalia Díaz, Nicolás Chahín Stephanie Zayed, Josune Iriondo, Cristina Atallah, Valerie Chahín, por haberse tomado el tiempo de leerme, comentar y sugerir cambios que fueron muy acertados para mejorar la última versión. No fue fácil admitir que aún necesitaba trabajar mucho en mi manuscrito y espero que la nueva versión esté acorde con sus sugerencias.

A mi hija Michelle Zayed que desde el principio luchó contra mis grandes extensiones de palabras e hizo que lograra concretar no solo mis páginas sino mis pensamientos. Además de haberlo leído varias veces, ha sido una amorosa piedrita en el zapato. Te amo hija.

Mis tres hijos Michelle, Stephanie y Juan Camilo han sido grandes maestros y luz en el camino. Ustedes tres son seres únicos, especiales y maravillosos. Los amo con mi corazón.

A mis padres que siempre han estado ahí para mí, apoyándome y entregando lo mejor de sí con los recursos que tenían. Gracias, papás.

A Alexandra Castrillón un gracias muy especial por haber sido no solo mi lectora profesional sino mi mentora y haberme enseñado, acompañado y animado en cada paso del camino. Hiciste que el ejercicio de escribir no fuera algo tan solitario ni tan difícil.

A Natalia Hernández de Escribo y publico por su acompañamiento en esa difícil tarea de caer en cuenta que escribir es apenas el primer paso. Con mucho cariño me llevaste a escribirlo varias veces más.

A Jimena Fernández mi experta editora final, que hizo un gran trabajo al revisar el lenguaje, el tono, la extensión, las repeticiones, con mucha paciencia una y otra vez…

A uno de mis grandes maestros y mi terapeuta, Juan Pablo Díaz del Castillo PhD., por haber leído el libro y escrito el prólogo con tanta generosidad.

A mis clientes que me enseñan e inspiran tanto todo el tiempo. Son seres humanos excepcionales que me muestran la infinita creatividad y tantos recursos espirituales a través del camino de la vida. Gracias por permitirme conocer sus historias, escucharlos y aprender de ustedes. Hemos llorado y reído juntos

Gracias a Dios en quien todo lo puedo. Siempre me sostiene y provee en abundancia infinita.

Como escritora autopublicada, dependo en gran medida de mis lectores para llegar a nuevas personas. Me ayudas muchísimo dejando una reseña en Amazon o en tu plataforma / librería favorita, compartiendo información sobre mí o mi libro en tus redes sociales, recomendándome para entrevistas, presentaciones o eventos y sobre todo, hablando con otros sobre mi trabajo.

- Sígueme en Instagram y Facebook donde me encuentras como **@emilyatallahcoach**. Allí comparto contenido sobre mi trabajo y el estilo de vida significativo que promuevo.

- En YouTube **Emily Atallah Coach de Vida** encuentras videos cortos, conversaciones con sentido y reseñas de libros que te pueden interesar.

- En LinkedIn **Emily Atallah** encuentras todo lo relacionado con el sentido de vida laboral.

- Comparte en tus redes sociales imágenes del libro o extractos de su contenido, usa el *hashtag* **#pausaysentido** y etiquétame en tus publicaciones.

También estoy abierta a recibir tus comentarios de manera directa. puedes escribirme a **emilyatallah@gmail.com**
¡Gracias!

BIBLIOGRAFÍA Y OTRAS RECOMENDACIONES

Bauman, Z. (2007). *El amor líquido.* Ciudad de México: Fondo de Cultura Económica.

Brackett, M. (2020). *Permiso para sentir.* Educación emocional para mayores y pequeños con el método RULER. Barcelona: Editorial Planeta.

Brown, B. (2021). *Atlas of the heart.* Mapping Meaningful Connection and the language of human experience. New York: Random House.

Brown, B. (2010). *The gifts of imperfection.* Let go of who you think you're supposed to be and embrace who you are. Minnesota: Hazelden Publishing.

Casarjian, R. (2012). *Perdonar.* Una decisión valiente que nos traerá la paz interior. Barcelona: Ediciones Urano.

Cevallos, E. (2016). *La didáctica del amor en pareja.* Una visión desde la logoterapia de Viktor Frankl. San Vicente (Alicante): Ediciones Gamma.

Dalai Lama. (2011). *La sabiduría del perdón.* El camino de la comprensión y la tolerancia. Madrid: Espasa Libros

Enright, R. (2008). *Forgiveness is a choice.* A step –by– step process for resolving anger and restoring hope. American Psychological Association.

Fonnegra de Jaramillo, I. Jaramillo, L. (2015). *Los duelos en la vida.* El reto de seguir adelante después de una pérdida. Bogotá: Penguin Random House.

Frankl, V. (2015). *El hombre en busca de sentido.* Barcelona: Herder.

Frankl, V. (1980). *Ante el vacío existencial.* Hacia una humanización de la psicoterapia. Barcelona: Herder.

Frankl, V. (2016). … *A pesar de todo, decir sí a la vida.* Barcelona: Plataforma Editorial.

Honoré, C. (2013). *Elogio de la lentitud.* Un movimiento mundial desafía el culto a la velocidad. Barcelona: RBA Libros.

Kübler–Ross, E. (2011). *La rueda de la vida.* Barcelona: Ediciones B.

Lukas, E. (2006). *También tu vida tiene sentido.* Logoterapia y salud mental. México: Ediciones Lag.

Lukas, E. (2011). *También tu sufrimiento tiene sentido.* Alivio en la crisis a través de la logoterapia. México: Ediciones Lag.

Lukas, E. *Una vida fascinante.* La tensión entre el ser y el deber ser. Buenos Aires: Editorial San Pablo.

Lukas, E., García Pintos, C. (2012). *De la vida fugaz.* México: Ediciones LAG.

Martínez, E. (2019). *Hazte dueño de ti.* Bogotá: Meaning Corp S.A.S.

Martínez, E. (2014). *Coaching Existencial: Basado en los principios de Viktor Frankl.* Bogotá: Ediciones SAPS

Martínez, E. (2011). *Los modos de ser inauténticos.* Psicoterapia centrada en el sentido de los trastornos de la personalidad. Bogotá: Editorial Manual Moderno.

Martínez, E. León de la Barra, A. Builes, J. (2018). *La soledad en la cima.* Trabajar con propósito y vivir con sentido. Bogotá: Ediciones Meaning Corp.

Matthieu, R. (2009). *El arte de la meditación. ¿Por qué meditar? ¿Sobre qué? ¿Cómo?* Barcelona: Ediciones Urano

Matthieu, R. (2005). *En defensa de la felicidad.* Un auténtico tratado de la felicidad a la vez que una valiosa y convincente guía para nuestros individualismos carentes de puntos de referencia. Barcelona: Ediciones Urano.

Matthieu, R. (2016). *En defensa del altruismo.* El poder de la bondad. Barcelona: Ediciones Urano

Moore, T. (1993). *El cuidado del alma.* Cultivar lo profundo y lo sagrado en la vida cotidiana. Barcelona: Urano

Moorjani, A. (2013). *Morir para ser yo.* Madrid: Ediciones Gaia

Neff, K. (2012). *Sé amable contigo mismo.* El arte de la compasión hacia uno mismo. Barcelona: Paidós Divulgación

Pattakos, A. (2010). *Prisoners of our thoughts.* Viktor Frankl's principles for discovering meaning in life and work. San Francisco: Berrett–Koehler Publishers, Inc.

Pallarés Molins, E. (2016). *El perdón como fortaleza humana.* Bilbao: Ediciones Mensajero

Peter, R. (2017). *Líbranos de la perfección.* Para una terapia de la imperfección. México DF: Ediciones LAG

Sinay, S. (2012). *Las condiciones del buen amor*. Buenos Aires: Del Nuevo Extremo

Tolle, E. (2012). *El Poder del ahora*. Bogotá: Grijalbo.